Anne-Christine Barbequot

MATERNITÉ
et hypersensibilité

MANGO
éditions

SOMMAIRE

PRÉFACE

C'est le 21 août 2020 qu'Anne-Christine m'a contactée la première fois pour me demander une interview sur l'hypersensibilité et la grossesse des femmes hypersensibles pour son blog[1]. Je me souviens avoir passé un très agréable moment de partage et d'échanges autour de l'hypersensibilité, des sens, des émotions, de la sensibilité en général et de la maternité. Je me souviens particulièrement bien du moment où je lui disais qu'une femme non hypersensible avant sa grossesse pouvait tout à fait vivre une simple période d'« hypersensibilisation » et déclencher une forme d'hyperesthésie (c'est-à-dire une augmentation de la sensibilité des sens : l'odorat, le goût, l'audition, la vue ou le touché) pendant sa grossesse et la conserver après ou non. Certaines autres, pas particulièrement hypersensibles avant la grossesse, se découvrent finalement hypersensibles et apprennent à mieux se connaître et à mieux vivre avec après. C'est en cela que cet ouvrage s'adresse à toutes les femmes, parce qu'une maternité peut véritablement être une période d'hypersensibilisation ou de découverte de votre hypersensibilité.

Puis nous avons poursuivi nos chemins respectifs, elle avec la maternité et moi avec l'hypersensibilité. C'est ensuite le 2 mai 2022 qu'Anne-Christine reprend contact avec moi pour me proposer cette fois d'écrire la préface de son livre *Maternité et Hypersensibilité* sur la maternité des femmes hypersensibles. J'ai instantanément été enchantée par cette idée pour deux raisons : la première est qu'Anne-Christine s'intéresse sincèrement à l'hypersensibilité et la met en lien avec la maternité ; la seconde est la gratitude que j'ai ressentie qu'elle me demande d'écrire la préface de son ouvrage qui fait le lien entre nos activités.

Arrêtons-nous quelques instants sur cette expression : « tomber enceinte. » Lorsqu'une femme apprend qu'elle va avoir un bébé, elle dit parfois qu'elle est « tombée enceinte ». Je ne sais pas si c'est comme l'expression « tomber amoureuse », mais j'avais un professeur de théâtre qui disait (et j'adore cette définition) que « tomber amoureuse » signifiait que la raison, le mental tombait dans le cœur et ainsi nous poussait à faire des choses inhabituelles, déraisonnables, parfois même un peu folles. Ce n'est plus la raison qui commande, mais le cœur. Alors, quand on « tombe enceinte », n'est-ce pas également la raison qui tombe ? Oui, il y a bien cette idée : ce n'est plus la raison ou le mental qui a les commandes, mais plutôt notre corps. Lorsqu'on « tombe enceinte », tout notre corps gouverne, décide et on doit le laisser nous guider. Il n'y a qu'à se laisser aller, se laisser faire par lui et n'apporter aucune résistance au bon déroulement de ce merveilleux miracle de la nature. Parce que oui, chaque fois que l'on tombe enceinte, c'est un petit miracle de la nature.

---

1. cheminsdenaissance.com

Au moment où je suis tombée enceinte, j'ignorais être une personne hypersensible. C'est selon moi une donnée fondamentale : on ne va pas du tout vivre sa maternité de la même manière si l'on se sait hypersensible et que l'on connaît son hypersensibilité ou si on l'ignore.

Je fais partie des hypersensibles qui ont une hypersensibilité médicamenteuse : je ne réagis pas toujours aux médicaments de la manière attendue, ce qui fait que j'ai une très grande sensibilité à certains médicaments comme la pilule. J'ai toujours eu des difficultés avec celle-ci donc je ne la prenais plus depuis plusieurs années. Même si je ne savais pas que j'étais hypersensible à cette époque, j'étais déjà tout de même très connectée à mon corps. Je ne prenais pas la pilule et je ne suis jamais tombée enceinte par accident. J'avais une parfaite connaissance de mon corps. Je sentais quand j'étais en ovulation ou non.

Une fois enceinte, je l'ai également très rapidement senti dans mon corps. Je ne saurai jamais si c'était réel ou le fruit de mon imagination, mais je me disais : « Je ne sais pas ce que c'est, mais il y a un truc qui se passe dans mon ventre. » Avant même la première semaine. Je le sentais dans mon ventre et dans ma bouche. J'avais un goût différent dans la bouche.

Je me souviens, j'étais alors en tournage pour un court-métrage et à ce moment-là, nous étions dans la cabine d'un camion qui roulait sur l'autoroute, de nuit. Quand je ne tournais pas, j'étais dans la voiture-balai qui suivait le camion et ressentais toutes les secousses dues à la route mal damée. Alors je posais la main sur mon ventre et je disais « Accroche-toi, mon bébé, accroche-toi, ça va aller ».

Quelques semaines après, lorsque j'ai eu la confirmation de la grossesse par l'analyse de sang, j'ai pris cette tâche très au sérieux. À partir de ce moment-là, j'ai décidé que c'était une activité à laquelle j'allais me consacrer à temps plein. Premièrement, parce que c'est réellement une activité en continu et deuxièmement, parce que je ne voulais rater aucun moment. J'avais déjà 37 ans et cela faisait plusieurs années que j'attendais cet événement, que j'en avais envie. Maintenant qu'il était là, je voulais m'y consacrer pleinement. Comédienne, je ne croulais pas sous les contrats et avais pas mal de temps libre. Ce n'était donc pas très compliqué. Mais je me souviens que lorsque je rencontrais des copines et qu'elles me demandaient « Tu es sur quoi en ce moment ? Tu as des projets ? », ma réponse était « Oui, je bosse là... à temps plein ! », en mettant ma main sur mon ventre. Et elles de me répondre « Oui, mais pour le boulot, tu fais quoi en ce moment ? ». Avec un sourire, je disais « Je fabrique mon bébé ».

Il m'arrivait aussi de m'allonger dans le canapé, la main sur le ventre, et de dire à mon bébé « Bon, alors là, tu fais bien tes petites mains avec de jolis petits doigts, et tu fais bien tes petites oreilles... ».

Mon histoire, qui est unique, montre comment une hypersensible peut vivre sa grossesse. Elle montre aussi que la maternité est une période importante dans la vie d'une femme. Elle va en vivre une, deux ou trois, rarement plus de nos jours. Les familles nombreuses se raréfient et la grossesse prend de plus en plus la forme d'une parenthèse dans la vie d'une femme. C'est un moment où elle met les choses en stand-by, une période où elle désire vivre pleinement ce qui lui arrive, et souvent une phase d'introspection, de réflexion, d'exploration de son monde intérieur. Une grossesse est véritablement un bouleversement à la fois physique, hormonal, psychologique et spirituel. Elle peut être parfois un enfantement de soi-même. Au cabinet, je vois de nombreuses femmes hypersensibles enceintes ou mamans faire tout à coup des choses pour elles ou leur bébé qu'elles n'avaient pas osé faire avant. Elles sont plus affirmées, plus décidées, comme révélées à elles-mêmes. La maternité va leur donner la force. Celle-ci va se développer progressivement avec la grossesse, et ce que les femmes n'ont jamais fait pour elles avant, elles vont commencer à le faire pour leur bébé, puis pour elles. Elles vont découvrir petit à petit leur puissance en devenant mères.

Nous allons évidemment vivre cet épisode de vie chacune à notre manière, autrement, différemment, singulièrement. Cependant, quand on attend son premier enfant, la période de maternité est souvent une découverte de soi et dans son ouvrage, Anne-Christine rassure toutes les femmes.

Celui-ci s'adresse à toutes les femmes, hypersensibles ou non. En effet, toutes les femmes enceintes peuvent expérimenter ou éprouver cette « hypersensibilisation » dont je parle plus haut durant cette période de maternité. Elle apporte un éclairage spécifique sur cet intervalle dans la vie d'une femme avec un regard non pas clinique et aseptisé, mais profondément humain, doux et bienveillant. Elle nous explique comment cette période est en fait un voyage. Elle donne des éclairages sur les raisons de certains comportements de notre corps. Par exemple, celui-ci est programmé pour être tourné vers le bébé lorsqu'on allaite, c'est hormonal et cela entraîne une sécheresse vaginale. Cela peut être très déculpabilisant de le savoir dans cette société en quête de performance. Elle nous explique aussi ce qu'est un projet de naissance, en quoi la maternité est une période particulièrement spéciale pour une femme hypersensible. Elle apporte aussi un éclairage sur les relations avec le père et la famille. Anne-Christine nous livre un regard physique, biologique, sensoriel et sociétal de la maternité, illustré par des témoignages émouvants et touchants. Elle nous fait le cadeau d'un ouvrage qui porte un regard humain, ouvert et sensible sur ce qu'est l'avant, le pendant et l'après-procréation d'un bébé. Alors je remercie Anne-Christine pour cet ouvrage lumineux et profondément humain dont je vous souhaite une agréable lecture.

Charlotte Wils, coach spécialiste de l'hypersensibilité et autrice

AVANT-PROPOS

La maternité affecte profondément. Elle bouleverse, transforme, transfigure. Un peu, beaucoup, passionnément...

Je n'ai pas échappé à la règle. Certaines femmes décident de mettre une armure et de continuer à faire face au monde. D'autres se laissent traverser et trouvent dans l'inconfort des ressources et des pépites insoupçonnées.

Chaque maternité ouvre des brèches sur un monde plus subtil, un monde dans lequel les perceptions sont différentes, les émotions exacerbées, la conscience élargie.

Je n'ai pas traversé tout cela en ayant conscience de ce qui se passait. J'étais surprise, étonnée, embarrassée de ce trop-plein de sensations et d'émotions. Chacun de mes enfants est venu bouleverser mes croyances, ma manière de penser et mes priorités.

Ma fille aînée m'a obligée à regarder mon impact sur cette planète. Pour elle, pour lui laisser une Terre meilleure, j'ai changé beaucoup de choses dans ma manière de vivre, j'ai pris conscience que j'appartenais à un grand tout qui, jusque-là, était abstrait. Avec elle, tout s'est concrétisé.

Mon fils cadet, lui, m'a contrainte à plonger dans ma relation à l'autre et à reprendre ma part de responsabilité, à travailler sur mes zones d'ombre pour prendre conscience de ma lumière. Il m'a poussée à m'engager pour une société différente, plus humaine. Avec lui, j'ai mis un mot sur son hypersensibilité et sur la mienne et grâce à cela, j'ai trouvé ma mission de vie : accompagner les femmes dans leurs passages de vie, en particulier celui de la maternité.

Mon dernier fils m'a permis de retrouver un ancrage et un alignement. Il m'invite à mettre de la douceur et de la bienveillance dans mon être pour l'offrir aux autres. Il m'a permis de trouver la lumière et la beauté dans l'hypersensibilité.

Tout cela, je l'ai compris a posteriori. Je vous en parle en quelques mots, mais en réalité, derrière ces prises de conscience, il y a des nuits sans dormir, des questionnements incessants, des doutes, des certitudes qui s'installent, mais aussi des joies et des instants magiques à jamais gravés au plus profond de moi.

J'aurais aimé avoir un livre qui m'explique que mes maternités allaient me faire découvrir des terres inexplorées en moi. Que parfois, ce serait simple et joyeux ; parfois, ce serait difficile et triste. Mais que toujours cela m'apporterait une connaissance plus consciente de moi-même, des autres, du monde réel et invisible. Le terme de matrescence est assez récent et montre combien cette transformation de femme à mère est passée sous silence depuis des siècles.

C'est ce livre que je vous propose aujourd'hui. Pour que votre chemin soit plus facile que le mien, que vos enfants soient accueillis avec plus de conscience, que vous soyez davantage bienveillante et à l'écoute de vous-même que je ne l'ai été.

Vous trouverez de nombreux témoignages de femmes que j'accompagne. C'est à travers leurs mots que résonnera le plus en vous ma proposition : avec la maternité (c'est-à-dire devenir mère et le rester) naît une hypersensibilisation naturelle, mise en œuvre pour que le processus de prendre soin de votre enfant mais aussi de vous se mette en place. En effet, devenir mère est une étape de transformation et de construction.

Ce livre est donc la synthèse de mes propres expériences de maternité et de celles des femmes qui me font confiance. Des femmes que je vois chercher, découvrir, expérimenter, prendre conscience... Je n'ai pas la prétention de faire le tour de la question, mais de vous dévoiler une expérience intime de cette ultrasensibilité.

Dans cet ouvrage, je fais le choix de parler à celles qui ont envie de vivre pleinement cette hypersensibilité (qui peut être nouvelle ou exacerbée avec la maternité), même si cela est parfois inconfortable. Parce qu'être « à fleur de peau », c'est aussi s'ouvrir à de nouvelles perceptions, à de nouvelles perspectives. C'est s'ouvrir à la beauté du monde, mais aussi à ses parts d'ombre.

La maternité est probablement l'une des aventures les plus transformatrices de votre vie. Je ne parle pas que du quotidien, mais de votre vie intime. C'est toute une aventure : une préparation de neuf mois, un mur à franchir qui se nomme enfantement et la découverte de tous les trésors de la maternité ensuite. Vous vous rendrez compte quelque temps après, en regardant le chemin parcouru, que vous n'êtes plus la même qu'avant.

Le cœur de ce livre vous concerne, vous, femme enceinte ou en post-partum. Mais il y a autour de vous des personnes qui vous accompagnent, en particulier un ou une partenaire. Pour plus de simplicité, je vais parler ici de couple hétérosexuel. Si vous ne vous reconnaissez pas dans ce modèle, soyez néanmoins les bienvenues ! Je vous invite à changer les termes, à les remplacer par ceux qui vous conviennent et à prendre ce dont vous avez besoin.

L'AUTRICE

Anne-Christine Barbequot est doula, sophrologue, praticienne en EFT spécialisée en périnatalité. Elle accompagne les femmes et les couples pendant la maternité. Ses propres expériences de maternité l'ont amenée à de grandes transformations, à la fois dans sa perception du monde et dans son propre cheminement. Après une première vie professionnelle, elle a décidé de dédier son temps et son cœur au « bien naître », à la fois pour la femme, le bébé et le partenaire. Forte de formations en relation d'aide, développement personnel et accompagnement à la naissance, elle offre aujourd'hui une autre perception de celle-ci. Fondatrice de l'association Chemins de Naissance, elle œuvre pour une nouvelle vision de la grossesse, de l'enfantement et du postpartum. Tout au long de ses accompagnements, elle propose aux femmes et aux couples d'être un support, une ressource, une gardienne, pour leur permettre de révéler leur sens naturel à enfanter, reprendre confiance en ce qu'ils ont déjà en eux pour mettre au monde leur enfant. Au moyen de ressources cognitives et corporelles ainsi que des oreilles et des mains, elle les aide à reconnaître leurs ressentis intrinsèques de mère et de parents. Pas à pas, la femme recontacte cette douce force qu'elle porte en elle, s'élève vers une conscience plus affinée de qui elle est intérieurement, le couple se découvre « parents ». Son métier ne consiste ni à leur « montrer » ni à leur « apprendre » mais à leur faire sentir ce qu'ils sont déjà pour bercer la naissance. Elle est l'autrice de Heureuse d'accoucher ! Tout pour traverser l'intensité des contractions, véritable support pour vivre un accouchement naturel, mais aussi de Accompagner sa partenaire après l'accouchement.

Vous pouvez la retrouver sur Cheminsdenaissance.com et sur les réseaux sociaux sous le nom de Anne-Christine Doula.

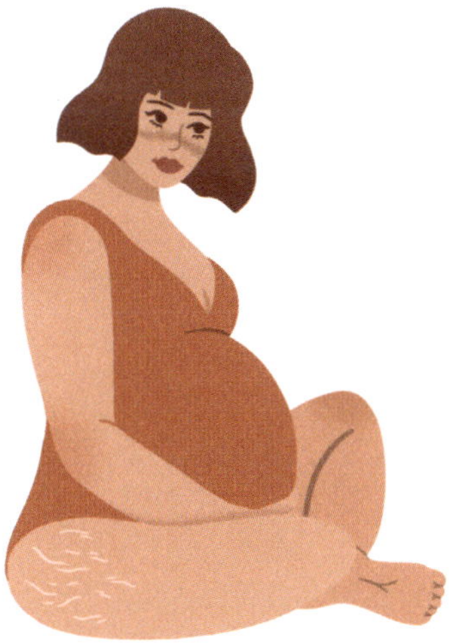

QUAND HYPERSENSIBILITÉ ET MATERNITÉ *s'entremêlent*

Qu'est-ce que l'hypersensibilité ?

Hypersensibilité, ultrasensibilité, sensibilité élevée... Vous avez sûrement déjà entendu ces termes. Peut-être vous êtes-vous posé la question pour vous-même ou quelqu'un de votre entourage ? Peut-être même vous êtes-vous reconnue un jour dans un de ces termes ? Mais que cachent-ils vraiment ?

En médecine, l'hypersensibilité désigne des intolérances ou des terrains allergiques. Il n'est alors pas étonnant que dans le langage courant, ce terme soit assimilé à une « a-normalité », à une sensibilité « hors norme », à quelqu'un dans l'excès. C'est souvent ce qui ressort dans les conversations : les hypersensibles pleurnichent, sont « trop » sensibles, vulnérables.

En fait, les personnes hypersensibles ou HSP (*Highly Sensitiv Person*) sont capables de percevoir, grâce à leurs sens, des stimulations qui échappent aux autres personnes. La membrane entre eux et le monde est plus fine que la moyenne. En temps normal, tout le monde ressent un sentiment de bien-être quand les stimulations ne sont ni trop fortes ni totalement absentes. Mais ce niveau de ressenti diffère selon les personnes. Dans une même situation, face aux mêmes stimuli, le degré d'activation du système nerveux peut être très différent. Ce ne sont donc pas les stimuli qui sont différents, mais les informations reçues qui sont traitées de manière différente par le cerveau.

Voici donc la caractéristique principale des hypersensibles : un traitement des données plus fin que la normale.

Ainsi, les informations arrivent en masse à tous les niveaux : sensations, émotions, sentiments, intuitions… Mais un excès de stimulations engendre une saturation.

Vous pouvez alors être tentée de vouloir faire disparaître votre sensibilité. Pourtant, il ne s'agit pas de symptômes à combattre, mais d'expériences à vivre. La suradaptation aux demandes de la société est alors une très mauvaise idée.

Tout cela est vécu, la très grande majorité du temps, de manière inconsciente, ce qui rend les personnes hypersensibles très intuitives. Elles savent rarement comment et pourquoi, mais elles « sentent » l'environnement, perçoivent des éléments et peuvent être rapidement prises dans un trop-plein de ressentis, sans même s'en apercevoir.

Arrive alors ce qu'Elaine Aron[2] appelle « l'inhibition marginale », c'est-à-dire un seuil à partir duquel la personne ne peut plus faire face à ces flots d'informations et se ferme au monde extérieur.

2. Psychologue et chercheuse en psychologie, reconnue comme l'une des spécialistes de l'hypersensibilité.

QU'ENTEND-ON PAR « TRAITEMENT PLUS FIN DES INFORMATIONS » ?

Cette manière de fonctionner singulière passe tout d'abord par un besoin intense de penser : un cerveau qui ne débranche jamais, des réflexions en boucle, une quête d'explications cohérentes, des mises en lien entre les sujets, des questionnements, un esprit critique...

Elle passe ensuite par une hyperacuité au niveau corporel : motricité, perception, émotions. Tous les stimuli (internes ou externes) sont recueillis de manière simultanée, ce qui peut entraîner une grande capacité d'analyse, mais aussi une rapide saturation, voire des confusions. Enfin, ce traitement ressemble à une pensée en arborescence qui se met en place automatiquement dès que l'esprit est au repos via des comparaisons, des liens entre les expériences ou les événements... Tout cela peut aboutir à une meilleure compréhension des situations, mais aussi, éventuellement, à beaucoup de ruminations et de procrastination ! Ainsi raisonnements, sensorialité et émotions sont les trois caractéristiques de ce traitement de l'information.

Ainsi, 70 % des personnes hypersensibles seraient introverties. Souvent assimilée à de la timidité, cette introversion résulte en fait de moments de retrait, de pauses nécessaires à leur évolution dans un environnement trop présent[3]. Mais revenons un peu aux stimuli. Il s'agit de phénomènes qui viennent éveiller le système nerveux : à la fois des éléments extérieurs (les sons, la lumière, les odeurs...), des éléments internes physiques (comme la soif, des tensions musculaires, la faim, la douleur...) et des éléments internes psychiques (comme les pensées ou les souvenirs).

3. Aron *Elaine N.,* Hypersensibles, *mieux se comprendre pour s'accepter, Editions Marabout, 2019.*

Hyper ou ultra ?

Le terme d'hypersensible est le premier à avoir vu le jour en 1996, dans la traduction des écrits d'Elaine Aron. Il présente un défaut majeur : celui du préfixe « hyper » qui vient du grec « *huper* », et indique une position supérieure dans l'espace, une intensité ou une propriété supérieure à la normale[4]. Il s'agit a priori juste d'une différence par rapport à une norme. Malheureusement, dans le langage courant, il est interprété comme « excessif » ou « qui dépasse les limites ». De là à dire que les hypersensibles sont toujours « trop », il n'y a qu'un pas. Il s'agit aujourd'hui d'un terme qui renvoie aux difficultés à vivre son hyperémotivité et son hyperesthésie (augmentation de la sensibilité d'un ou de plusieurs des cinq sens).

Le terme d'ultrasensible a été créé en 2015 par Saverio Tomasella. Le préfixe ultra, du latin « *ultra* », indique un dépassement, un degré extrême ou excessif. Mais dans le langage courant, il semble être plus positif. Ce terme veut décrire une haute sensibilité vécue positivement et dont les caractéristiques sont une hyperesthésie, une hyperémotivité, un grand sens des détails, une haute intuition et une grande créativité (comme l'hypersensibilité), à laquelle s'ajoute une hyperempathie. L'observatoire de la sensibilité[5] parle à présent de HPS (Haut potentiel sensible) qui propose cette notion de potentiel à explorer.

Ce que disent les études

Depuis une cinquantaine d'années, des études sur l'hypersensibilité commencent à voir le jour, mais ce concept regroupant de nombreux paramètres, vous trouverez différentes interprétations de ces termes.

Un des premiers à avoir évoqué ce phénomène est Carl Gustav Jung (1875-1961). Psychiatre suisse, il est connu pour ses concepts d'inconscient collectif, d'archétypes, de synchronicités ou encore de types psychologiques. Il parle dès 1913 d'une « sensibilité innée » comme d'un « caractère enrichissant ».

---

4. *Définition* Larousse.
5. *À retrouver sur le site lasensibilite.com.*

À partir de 1991, Elain Aron commence à étudier l'hypersensibilité. Elle constate que celle-ci concerne environ 15 à 20 % de la population et se retrouve chez toutes les espèces d'animaux.

D'après les dernières études sur ce sujet, environ 30 % de la population mondiale serait concernée par cette hypersensibilité, soit plus de 2,5 milliards de personnes ! Convenons que cela ne peut pas représenter une anomalie !

Selon les interprétations, l'hypersensibilité serait innée ou dépendrait de l'environnement dans lequel on grandit, ou un peu des deux !

Ainsi, le courant d'idées proposées par Elain Aron promeut une hypersensibilité plutôt d'ordre génétique. La vision européenne, elle, est un peu différente et suggère que tous les enfants naissent hypersensibles, avec cette grande ouverture de corps et d'esprit. Puis le contexte sociétal, culturel, familial et les expériences de vie entraînent une fermeture plus ou moins importante, plus ou moins rapide. Par conséquent, seuls 30 % d'entre eux garderaient cette perception plus subtile du monde.

Il existe une autre cause possible, celle de l'hypersensibilité réactionnelle, consécutive à un traumatisme grave et dont nous parlerons dans la partie sur l'enfantement (voir p. 86).

Attention, l'hypersensibilité n'est pas à confondre avec le haut potentiel. Tous les HP (environ 10 % de la population) sont concernés par l'hypersensibilité, mais l'inverse n'est pas toujours vrai.

Charlotte Wils, spécialiste dans l'accompagnement des personnes hypersensibles, propose une représentation de l'hypersensibilité déclinée en trois grandes catégories :

- une hypersensibilité physiologique qui met en jeu les sens (voir, toucher, entendre, goûter, sentir). Ceux-ci se manifestent de manière plus élevée que la moyenne ;

- une hypersensibilité cognitive qui implique un traitement en profondeur de l'information et souvent une pensée en arborescence ;

- une hypersensibilité intuitive, avec ce que l'on pourrait appeler un 6e sens plus développé.

L'hypersensibilité regroupe donc des personnalités très diverses dont le point commun est une manière d'être au monde, une perméabilité qui fait percevoir le monde différemment.

Une question d'environnement ?

L'hypersensibilité est trop souvent vue aujourd'hui dans notre monde occidental comme un signe de faiblesse, une incapacité à gérer ses émotions, ses réactions corporelles, une tendance à trop cogiter.

Pourtant, une sensibilité plus élevée n'a pas toujours été considérée comme telle. L'usage des sens, le niveau de seuil de tolérance aux sollicitations extérieures, l'intensité des émotions déterminent en partie la manière dont un individu et un groupe se représentent la société, le monde, l'humain ainsi que le végétal, l'animal, l'au-delà...

Au XVIIIe siècle, en Europe, la sensibilité était même une valeur centrale, l'apanage de la bonne société. Dans le dictionnaire de Richelet (1680), il est écrit que « la sensibilité marque qu'un homme est bien né et il faut en avoir[6] ».

La perception de « haute sensibilité » varie donc d'une époque à l'autre, d'une culture à l'autre. Finalement, à bien y réfléchir, la notion d'hypersensibilité n'existe que dans un regard extérieur !

En changeant de cadre, notre référentiel évolue et notre vision sur les différents degrés de perceptions aussi. Ce qui nous paraît aujourd'hui être « hyper » pourrait ainsi être lié à une société dite « hypo » sensible (pour reprendre les termes du psychiatre Christophe André), c'est-à-dire qui met en avant les constructions mentales au détriment des ressentis et des questionnements existentiels.

L'hypersensibilité n'est donc pas une nouveauté. Ce qui est nouveau, c'est à la fois la manière de voir cette caractéristique et le fait que notre environnement a beaucoup changé. Les stimulations incessantes de nos sociétés occidentales peuvent être perçues comme agressives par les personnes hypersensibles.

Selon l'OMS, un Européen sur cinq est régulièrement exposé à des niveaux de bruit nocturne dépassant la limite d'exposition annuelle moyenne en raison des bruits des transports routiers, ferroviaires et aériens[7]. De la même manière, sans même que nous les remarquions de manière consciente, affiches, publicités, antennes, câbles, poteaux et lumières en tous genres génèrent une surstimulation visuelle invasive.

Une personne ayant un seuil de tolérance plus bas à ces stimulations doit alors trouver des stratégies pour se soustraire à ces éléments qui viennent exciter son système nerveux.

---

6. *https://lasensibilite.com/2020/12/05/sensibilite-a-lhonneur/*
7. *who.int, Organisation mondiale de la santé, 8 octobre 2009.*

✦ Zoom sur les caractéristiques de l'hypersensibilité ✦

Ainsi, c'est confirmé : l'hypersensibilité n'est pas une maladie !

Elle ne génère pas en elle-même de difficultés à vivre, c'est l'environnement qui génère des soucis d'adaptation.

Chacune a une manière différente de vivre son hypersensibilité. Certaines d'entre vous se retrouveront dans une ou plusieurs caractéristiques et d'autres non. Il ne faut pas « cocher toutes les cases » pour pouvoir s'identifier comme hypersensible.

L'hypersensibilité est une nature profonde, singulière et particulière à chacune. On peut toutefois distinguer quatre grandes caractéristiques.

L'hyperesthésie

L'hyperesthésie est le fait d'avoir une sensibilité plus développée que la moyenne d'un ou plusieurs de vos sens.

Il peut s'agir d'une étiquette qui gratte, du contact d'un linge mouillé sur la peau qui énerve, d'un ressenti tactile plus sensible…

Vous pouvez aussi ne pas supporter ce sifflement auquel votre conjoint n'a même pas fait attention, être focus sur ce bruit de ventilation qui vous empêche de dormir ou les cris des enfants qui vous extraient de votre conversation.

L'odeur de l'hôpital peut également vous rendre nerveuse, tout comme le parfum de la voisine.

Une forte luminosité peut vous gêner rapidement ou vous pouvez avoir du mal à soutenir des images violentes…

Et que dire de ce plat que vous jugez trop épicé alors que vos amis le trouvent parfait ?

Des mots à découvrir

L'hyperosmie est une capacité à percevoir plus d'odeurs que la moyenne.

L'hyperacousie correspond à une sensibilité plus élevée aux sons. Elle peut aller jusqu'à la misophonie, étymologiquement « haine des sons », la plupart du temps déclenchée par un son particulier, souvent la mastication.

La photophobie est caractérisée par une sensibilité élevée à la lumière.

L'hyperémotivité

L'hypersensibilité émotionnelle, ou hyperémotivité, se caractérise par des débordements émotionnels (y compris d'émotions positives) et par une inadaptation entre la qualité, la fréquence, la durée et l'intensité de l'émotion d'un côté, et la cause de l'émotion de l'autre.

L'émotion en elle-même est assez courte (environ 90 secondes), mais son vécu peut durer longtemps ou être disproportionné au regard de ce qui la déclenche.

Elle se manifeste aussi par une capacité à exprimer les émotions de manière plus fréquente que la moyenne : rire, pleurer, mais aussi être plus anxieuse.

L'intuition

L'intuition, du latin « *intueri* » qui signifie « regarder attentivement », est une « connaissance directe, immédiate de la vérité, sans recours au raisonnement, à l'expérience » (*Larousse*).

Certains peuvent l'appeler leur petite voix intérieure, leur guide, l'inconscient ou encore le messager de l'âme. Quel que soit son nom, l'intuition propose des informations au travers de vos cinq sens : elle peut se caractériser par une odeur qui vous dit de ne pas manger cet aliment, un ressenti qui vous suggère de prendre une autre route ou encore des picotements qui vous poussent à vous en aller de tel ou tel endroit. Alors, vous ne pouvez pas expliquer pourquoi, mais vous faites ce choix, comme une évidence.

Parfois, plusieurs canaux de perception s'allient pour vous offrir ce message et vous pouvez alors suivre votre « 6e sens ».

L'intuition se manifeste essentiellement dans un état de calme. Elle a besoin de silence intérieur pour pouvoir être entendue.

Cet état de calme apparaît en prenant soin de vous, à la fois de votre corps (par l'alimentation, le mouvement, les habitudes de vie, la respiration…) et de votre esprit (au travers de lectures, de discussions, de formations…).

L'intuition dans notre société est peu valorisée. Elle est même parfois dénigrée dans un système qui prône la rationalité et une pensée linéaire. A contrario, l'intuition fonctionne par associations, sans liens apparents, du moins d'après nos connaissances scientifiques actuelles.

La quête de sens

Le terme de sens propose une double idée : celle de percevoir par les sens, d'expérimenter dans son corps et celle de la direction, du voyage qu'il reste à accomplir. Autant dire que la quête de sens est une quête au long cours ! Trouver du sens est éphémère puisque le chemin continue.

Pour les personnes hypersensibles, la quête de sens est prégnante dans leur réflexion et leur mise en action. Elles se questionnent d'abord sur la direction à prendre : quelle orientation donner à ma vie, qu'elle soit professionnelle, amoureuse, amicale… ? Puis elles basculent sur des questions existentielles : comment est-ce que je me sens dans mon corps maintenant ? Qu'est-ce que je ressens ? Que me dit ma voix intérieure ? Est-ce que tout cela est bien réel ? Mes sens peuvent-ils me tromper ? Enfin, elles s'interrogent sur la cohérence du monde, la cohérence de leurs choix ou encore de ceux des autres…

Ce questionnement permanent amène le doute : il est bénéfique au cheminement, mais c'est aussi un obstacle à une vie calme et sereine.

Pourquoi lier hypersensibilité et maternité ?

La maternité : kézako ?

Le terme maternité est un mot très large qui comprend à la fois « l'état, la qualité de mère », « le fait de mettre au monde son enfant » (c'est-à-dire l'événement de l'enfantement), « l'établissement dans lequel s'effectuent les accouchements », « le lien de droit entre une mère et son enfant » et même « une œuvre d'art représentant une mère portant son enfant » (*Larousse*). Vous conviendrez que ce terme regroupe tellement de choses différentes qu'il faut bien s'accorder avant de l'employer.

Ici, je voudrai parler de ce processus qui vous permet de passer du statut de femme à celui de mère. Un processus qui démarre dès le désir d'enfant, puis évolue pendant la grossesse, traverse le passage intense de l'accouchement, trouve un nouvel équilibre pendant le post-partum et continue toute la vie. Parce que la maternité ne s'arrête jamais. Vous ne cessez jamais d'être mère.

Les émotions au cœur de la maternité et de l'hypersensibilité

Étymologiquement, « émotion » vient du latin « *emotere* », verbe signifiant « se mouvoir » : les émotions entraînent des comportements et vous poussent à agir.

L'émotion est avant tout un signal neurobiologique sur lequel vous n'avez pas de prise. Elle mobilise le corps qui joue le rôle d'avertisseur : changement de respiration, mouvements oculaires, chaleur ou, au contraire, refroidissement, emballement du cœur… Elle n'est pas un problème en elle-même, elle vous informe plutôt sur ce que vous ressentez.

Les émotions sont aussi provoquées par la confrontation entre une situation et votre interprétation de la réalité. Elles sont donc forcément subjectives, vécues différemment par chacune, car liées au vécu, à une perception du monde spécifique, au sens que vous donnez à l'événement. Elles vous permettent de faire face à l'existence.

La sensation est, elle, directement liée à une perception sensorielle : une sensation de froid quand la température est trop basse, une sensation d'inconfort quand votre assise n'est pas agréable…

Il n'existe pas de consensus sur le nombre ni sur le contenu des émotions. Charles Darwin, dans son ouvrage *The Expression of the Emotions in Man and Animals*, définissait l'émotion comme une faculté d'adaptation et de survie et en dénombrait six : la joie, la surprise, la tristesse, la peur, le dégoût et la colère. Le philosophe René Descartes, dans *Les Passions de l'âme*, en dénombrait six aussi, mais différentes : l'admiration, l'amour, la haine, le désir, la joie et la tristesse. Il considérait les autres émotions comme des variantes de ces émotions de base ou comme un mélange de certaines d'entre elles.

Depuis, de nombreux psychologues ont créé leur propre liste d'émotions et selon vos lectures, vous pourrez aussi retrouver la satisfaction, la gêne, l'excitation, la culpabilité, la fierté, le soulagement, le plaisir sensoriel, la honte, le mépris…

Chaque émotion a donc à la fois une composante corporelle et cognitive, car elle fait bouger autant le corps que le mental. Qu'elle soit agréable ou non, une émotion vient donner une information et il est souvent plus utile de l'écouter que de vouloir la « gérer » ou pire, l'effacer. De manière très simplifiée, cela signifie que plus on écoute l'émotion et moins on lutte, plus celle-ci est facile à vivre, même si elle n'est pas agréable.

Cela veut donc dire qu'une émotion ne se contrôle pas, et ne se gère pas comme on l'entend souvent. Vouloir la maîtriser, c'est souvent se détourner de ce qui est en train de se jouer.

Parler d'émotions mérite que l'on s'arrête un peu sur le rôle des neurotransmetteurs. Aussi appelés neuromédiateurs, ce sont des substances chimiques libérées par les neurones qui agissent sur d'autres neurones. Ils sont nombreux (environ une soixantaine), mais certains sont très influents, en particulier pendant la maternité.

C'est le cas de la dopamine qui a un effet « *starter* ». Elle permet de se mettre en action, procure un sentiment de satisfaction, accentue la motivation et le plaisir de faire les choses.

A contrario, la sérotonine sert plutôt de « frein » et permet de prendre du recul, de relativiser et donc d'être plus sereine. Elle a une influence sur le sommeil.

Les hormones et les neuromédiateurs s'autorégulent par un système de feed-back : elles boostent ou freinent leur production.

Vos émotions ont aussi pour rôle de vous informer sur la relation que vous avez avec vous-même, avec les autres et avec le monde qui vous entoure. Ces informations sont précieuses pour pouvoir appréhender vos besoins cachés : pourquoi cette émotion vient-elle maintenant ? Pourquoi sur ce sujet ? Quels besoins peuvent bien se cacher derrière ?

Le cerveau émotionnel

Dans les années 1960, le Dr Paul D. MacLean, neurobiologiste, a formulé le modèle du cerveau triunique, un outil théorique qui permet d'avoir une vision de l'organisation des aires du cerveau. Depuis, de nombreuses découvertes ont permis d'affiner et de modifier ce modèle, mais il reste une explication simple du fonctionnement du cerveau.

Selon ce modèle, le cerveau est composé de trois grandes parties.

– Le cerveau rationnel est cette partie qui fait la grande différence entre l'humain et les autres mammifères. Il permet d'anticiper, de gérer, de raisonner. C'est en particulier grâce à lui que nous avons une perception linéaire du temps : passé, présent, futur.

– Le cerveau reptilien (ou cerveau archaïque) correspond à la partie qui contrôle les fonctions involontaires et fondamentales de votre organisme : les battements de votre cœur, le fonctionnement de vos organes et votre respiration, la régulation de la température corporelle, l'alimentation, la reproduction (dont l'accouchement), l'instinct de survie (comportement d'agressivité ou de fuite face à un danger), les pulsions… Les actions et les émotions qui naissent du cerveau reptilien se font automatiquement, sans que nous ayons à y penser.

– Le cerveau limbique serait quant à lui responsable d'une grande partie de nos comportements. Il enregistre des souvenirs de comportements associés à des expériences agréables et désagréables. Il est responsable de la plupart de nos émotions.

L'hypersensibilisation

Dans tous mes accompagnements, sans exception, je suis face à des femmes dont les émotions, les sens, l'empathie, le désir de perfection… sont décuplés. Elles en sont souvent perturbées, ne se reconnaissent pas toujours dans ces nouveaux modes de fonctionnement et cherchent à comprendre ce qui leur arrive sans toutefois pouvoir mettre des mots sur ce qu'elles traversent.

Certaines ont déjà perçu ce haut degré de sensibilité avant la grossesse et se demandent comment elle peut encore s'accroître. Elles sentent au plus profond d'elles-mêmes que cette ouverture de cœur et de sens va prendre de l'ampleur et cela peut leur faire peur.

D'autres n'ont jamais ressenti cela, ou n'en ont pas pris conscience et sont fortement déstabilisées.

Toutes, à différents niveaux, vivent cette « hypersensibilisation » pendant la maternité. En l'acceptant, en la rejetant, en la cachant… Toutes les femmes que j'accompagne traversent ce processus.

Devenir mère est un événement incomparable. Porter, mettre au monde et s'occuper d'un bébé prend toute la place dans vos pensées, augmente votre acuité sensorielle, donne de nouvelles orientations à vos choix et redéfinit même vos valeurs. Un bouleversement profond appelé « psyché maternelle ».

Votre maternité est parsemée de moments de stress. Les rendez-vous médicaux, présentés comme nécessaires pour vous rassurer, peuvent s'avérer être en fait de grands moments de stress. L'attente, même minime de résultats (prise de sang, échographies, examens divers…), entraîne une anxiété qui vient bouleverser la chimie de votre cerveau.

Pourtant, pendant cette période de vie si particulière, cette hypersensibilisation semble anecdotique pour le reste du monde. Mais à vivre au quotidien, cela ne l'est pas !

Tout vous bouscule profondément, mais le corps médical en tient rarement compte dans son suivi et ses diagnostics, l'entourage prend cela à la légère ou vous culpabilise puisque, c'est bien connu, « Vous avez tout pour être heureuse ».

Cette parenthèse d'hypersensibilisation dans votre vie va durer. Ce ne sera pas une petite parenthèse. Elle dure a minima les neuf mois de grossesse et le post-partum immédiat, c'est-à-dire les six semaines qui suivent la naissance. A minima.

Revenir à cette sensibilité permet l'attachement au petit être si vulnérable à la naissance.

Le bébé humain est très immature, et a besoin de soins pour survivre contrairement à d'autres mammifères plus rapidement autonomes. Cela implique un attachement nécessaire et vital de la figure d'attachement, majoritairement la mère.

S'ouvrir à votre sensibilité, c'est tenter de percevoir le monde à travers les lunettes de votre bébé. C'est aussi tenter de percevoir ses ressentis, sans filtre, pour mieux répondre à ses besoins.

Il me semble donc important d'allier les connaissances sur l'hypersensibilité de manière générale et sur la maternité pour asseoir le fait que l'hypersensibilité n'est ni une faiblesse ni une maladie, mais la nature profonde de l'humain, y compris quand il ne s'agit que d'une parenthèse de quelques mois ou années.

Ce qui influe sur votre cerveau pendant la maternité

Aujourd'hui, la science valide le fait que notre cerveau et nos pensées sont modifiés par le sommeil, l'exercice, la nutrition, l'environnement et les hormones sexuelles.

La maternité, du désir d'enfant à la parentalité, fait traverser des modifications substantielles dans chacun de ces domaines :

- le sommeil peut être perturbé pendant la grossesse, puis est mis à rude épreuve à l'arrivée de l'enfant ;

- votre corps se transforme intensément, votre centre de gravité change et vous devez adapter vos postures, vos mouvements ;

- l'alimentation demande une attention particulière pendant la grossesse et le post-partum ;

- votre environnement change, il se médicalise pendant la grossesse et tout est focalisé sur votre ventre puis sur votre bébé après sa naissance ;

- enfin, vos hormones sexuelles sont actives de manière très différente et importantes pendant plus d'une année.

LA GROSSESSE : AU SECOURS !

Qu'est-ce qu'il m'arrive ?

La grossesse est majoritairement vue comme une mécanique organique et est décortiquée dans ses moindres détails techniques. Échographies, prises de sang, suivi du poids... vous êtes surveillée, mesurée et pesée. Mais au-delà de la machinerie, que se passe-t-il quand on sent un cœur autre que le sien battre à l'intérieur de soi ? L'essentiel ne se passe pas à l'extérieur, mais bien à l'intérieur de vous.

L'hypersensibilisation pendant la grossesse vient vous le rappeler. En mettant en avant les émotions, en ouvrant le filtre des sens, en permettant un accès à un monde en pleine expansion, ce que nous appellerons de manière simplifiée l'hypersensibilité vous prépare à cette grande aventure de la maternité.

C'est pour cette raison que la grossesse est avant tout un retour au corps. Ce corps si souvent mal vu, malmené.

Vous connaissez votre corps de l'extérieur grâce à ce que vous en voyez et son schéma intérieur grâce à vos connaissances anatomiques. Toutefois, la grossesse est l'apprentissage du corps de l'intérieur, d'un monde inaccessible aux yeux, du dedans.

Vous voilà projetée dans un monde dans lequel la vie se développe, à la fois indépendamment de vous et pourtant en vous. Quelles expériences autres que la maternité pourraient donner cet accès aussi intime à la fois à l'intérieur de soi et à l'universalité ?

Du désir d'enfant à la découverte de la grossesse

Vous souhaitez avoir un enfant. Rien dans votre corps aujourd'hui ne permet de dire que vous allez porter la vie, mais un espace psychique s'ouvre devant vous, dont le corollaire peut être une nouvelle sensibilité émotionnelle.

Vous préparer corps et esprit

Lune après lune, règles après règles, vos émotions vont et viennent. Parfois, elles peuvent vous submerger à la vue d'un ventre rond que vous croisez dans la rue.

Avec le désir d'enfant, la première de vos préoccupations est souvent d'avoir un corps sain et en forme pour que votre bébé puisse se développer au mieux. C'est alors l'occasion de remettre en question certaines habitudes de vie.

Les premiers changements concernent en général l'alimentation. Lors du désir d'enfant, vous pouvez avoir envie de donner le meilleur à votre bébé et décider de manger plus sainement, par exemple en optant pour une nourriture issue de l'agriculture biologique. C'est alors l'occasion de prendre plaisir à cuisiner et à déguster des plats maison pour bénéficier au mieux des apports nutritifs des aliments.

Le désir d'enfant permet souvent aussi d'amorcer une réflexion sur les perturbateurs endocriniens et autres polluants. Vous serez peut-être amenée à vous poser des questions sur ce que vous déposez sur votre peau, sur la composition de vos savons, shampoings, crèmes diverses et variées, mais aussi sur celle des textiles (vêtements, draps, serviettes…). Le questionnement pourrait se prolonger sur ce que vous inhalez à l'extérieur de chez vous (exposition à la pollution atmosphérique ou autre) et à l'intérieur de chez vous (émanation de peintures, d'essences, vernis de meubles…).

Il est alors possible que le simple fait de souhaiter porter la vie génère une sensibilité plus élevée et des réactions à certains éléments extérieurs : une réaction cutanée en lien avec certains composants chimiques de votre lessive, des maux de ventre quand vous absorbez un certain type d'aliment… Jusqu'à présent, votre corps n'avait rien manifesté, mais votre désir d'enfant remet les compteurs à zéro.

Votre corps vous demande alors d'offrir un environnement le plus sain possible à votre futur bébé. Préparer votre corps en le détoxifiant et en vous nourrissant sainement est une étape importante, mais qui peut parfois ne pas être suffisante.

Et s'il fallait aussi préparer votre esprit ? Vous souhaitez un enfant, certes. Mais pourquoi ? Qu'allez-vous lui transmettre ? Quelle est votre histoire avec la maternité et la parentalité ? Devenir mère est un travail intérieur important que vous pouvez commencer très tôt !

Cette attente offre un espace pour réfléchir à votre désir d'enfant, à la parentalité que vous souhaitez mettre en place. Il s'agit d'une occasion de travail intérieur pour éventuellement réévaluer votre enfance et apaiser les ressentis négatifs. Une parentalité « en conscience » nécessite en effet un travail sur soi : ne pas être « en opposition » avec ce que l'on a vécu, mais agir en fonction des besoins de son enfant n'est pas chose si aisée. Ce temps est l'occasion de vous projeter et même si vous n'allez pas être la mère que vous souhaitez, rassurez-vous, vous serez la mère dont votre enfant a besoin.

COMMENT RENDRE L'ATTENTE PLUS SEREINE AVEC L'EFT ?

L'EFT (Emotional Freedom Technic, *qui signifie « technique de libération émotionnelle ») est une technique énergétique simple à utiliser. Le principe de base sur lequel repose cette méthode est que « la cause de toute émotion négative est une perturbation du système énergétique corporel[8] ». En rétablissant un flux énergétique fluide par des tapotements sur des points de méridiens de médecine chinoise, l'EFT permet de reconnecter corps et esprit pour éliminer les émotions négatives.*

Elle atténue les douleurs physiques et émotionnelles et permet d'accéder à de nouveaux comportements en passant outre certaines croyances. Elle peut se pratiquer n'importe où, n'importe quand, avec un thérapeute ou seule puisque vous pouvez devenir autonome très rapidement dans cette pratique, après seulement quelques séances.

Cette technique est particulièrement adaptée lors de l'attente d'une grossesse, surtout en parcours PMA alors que les émotions sont exacerbées et peuvent engendrer des comportements et des pensées négatives.

---

8. Selon Gary Craig, créateur de l'EFT.

Procréation médicalement assistée

Si vous êtes en parcours PMA, votre corps découvre aussi la prise de médicaments à date régulière pour « stimuler », « provoquer » les mécanismes de fécondation et de nidification.

Vous pouvez réagir de différentes manières à cette prise d'hormones, mais il faut savoir que les effets secondaires sont souvent présents : prise de poids, nausées, douleurs abdominales, tension dans les seins, vertiges, maux de tête… sans compter les effets sur votre humeur. Vous pouvez être irritable, passer du rire aux larmes, et c'est normal.

Vous êtes par ailleurs aux aguets, en attente du moindre signe corporel qui pourrait annoncer la bonne nouvelle : fatigue, seins douloureux… Cette hypervigilance peut parfois devenir obsessionnelle. En plus d'être le centre de toutes les attentions médicales (vous êtes scrutée dans toutes vos dimensions : taille, poids, âge, date de règles, date d'ovulation, date de rapport sexuel à prévoir…), votre conscience est centrée sur votre désir de grossesse. Plus rien d'autre ne compte et il prend parfois trop d'espace, voire tout l'espace, dans un processus de procréation.

Le désir à l'épreuve de la perte

Votre désir se concrétise. Vous avez vu les barres bleues sur le test, puis la prise de sang a confirmé ce que vous saviez déjà : vous êtes enceinte.

Puis un jour, de façon inexpliquée (les arrêts naturels de grossesse sont souvent multifactoriels), vous sentez que quelque chose ne va pas ou bien vous commencez à saigner. Ou encore, lors de l'échographie, le médecin vous annonce qu'il n'y a plus d'activité cardiaque. Tout votre rêve s'écroule.

Vous allez traverser différentes phases pour intégrer cette nouvelle : le deuil, l'impuissance, le stress, la culpabilité, la perte d'estime de vous sont autant d'étapes potentielles à sillonner.

Dans notre société actuelle, il n'existe pas de rite associé à cette perte et je vous invite à pratiquer celui qui vous appellera. Aussi douloureux qu'il soit, ce temps-là peut vous permettre de vous reconnecter à votre intériorité. Accompagner cette perte, cheminer dans ce processus donne accès à vos croyances les plus profondes sur la vie et sur la mort, sur ces passages si singuliers.

RITUEL D'ADIEU

Je vous propose de vous installer confortablement, de poser une main sur votre cœur et de vous mettre à l'écoute de votre respiration. Laissez-la s'apaiser, prendre son rythme, trouver de la fluidité. Si ce n'est pas le cas, accueillez et acceptez ses hauts et ses bas.

Connectez-vous à ce bébé parti. Pour cela, pensez à lui, dirigez votre énergie vers la sienne puis ressentez au fond de votre cœur ce qui vient à vous. Demandez à votre petite voix intérieure ce que vous pourriez faire pour l'honorer. Laissez émerger le ou les actes que vous avez envie de poser. Vous pouvez partager ce moment avec votre conjoint : proposez-lui de vivre la même expérience. Le plus simple sera d'être guidé par une doula, mais vous pouvez aussi faire ce rituel uniquement tous les deux.

Quand des idées d'hommage viennent à votre esprit, écrivez-les. Puis, quand vous êtes prête, remerciez-vous de ce temps de guérison pour vous, votre conjoint et toute votre lignée familiale.

Dans un second temps, préparez votre hommage : écriture d'une lettre à ce bébé, dépôt d'un objet dans un lieu symbolique, dessin, collage, chant… Tout est possible du moment que cela fait sens pour vous. Trouvez le lieu et le temps qui sera juste pour vous afin de pratiquer ce rituel. À ce moment-là, servez-vous de nouveau de votre respiration pour entrer dans cet espace-temps sacré dédié à votre bébé parti.

Témoignage de Jeanne

Nous sommes allés avec mon mari à l'échographie du premier trimestre. J'étais à 11 semaines. Nous étions heureux. Lors de ma grossesse précédente, j'avais fait une fausse couche à 8 semaines. Nous avions passé le cap. Tout allait bien.

Je me suis installée. Nous avons plaisanté avec le gynécologue puis il a commencé l'écho et j'ai vu à son visage que quelque chose n'allait pas. Je crois qu'il a juste dit « Je suis désolé, il n'y a plus de rythme cardiaque ». Je me suis mise à pleurer. C'était plus fort que moi, je ne pouvais pas m'arrêter. Je ne me reconnaissais pas, ce n'était pas moi. J'avais l'impression de me voir pleurer, d'être inconsolable et j'avais des spasmes. Mon mari était là, ému, présent. Il m'a pris la main.

Puis je me suis levée, habillée et assise sur une chaise devant le bureau. l'obstétricien s'est excusé de ne pouvoir me faire un curetage rapidement : « Je sais que les femmes préfèrent que ça aille vite. » Pas pour moi. La première fois, cela s'était passé très vite : curetage le lendemain matin et on passe à autre chose. Pas le temps de faire mon deuil. Je ne voulais pas de cela cette fois-ci. Je voulais encore garder mon bébé dans mon ventre, prendre le temps de lui parler, de le sentir partir. J'avais besoin de ce temps pour lui dire au revoir.

J'ai réfléchi au jour d'avant. La veille de l'échographie, j'avais ressenti un grand vide que je ne m'expliquais pas. Mon mental avait alors pris le dessus et chassé mon intuition. Avec le recul, je suis sûre que c'est à ce moment-là que mon bébé est parti. Personne ne pourra jamais le confirmer et ce n'est pas important. Je le sais, c'est tout.

Sexualité et désir d'enfant

L'influence du désir d'enfant sur la sexualité du couple va entrer en compte lorsque la grossesse se fait attendre. La sexualité peut alors devenir un enjeu et engendrer une perte de spontanéité dans les relations intimes. La notion d'hypersensibilisation n'entre pas vraiment en ligne de compte à ce moment-là, mais l'attente, en particulier dans un parcours de procréation médicalement assistée (PMA), sera souvent synonyme d'investissement sur l'objectif de grossesse au détriment de la rencontre avec le partenaire.

La sphère intime devient alors instrumentalisée par un corps médical dont l'objectif est le développement d'un embryon. Noter sur votre agenda les jours et heures les plus pertinents pour faire l'amour enlève la partie subtile de cette rencontre. Cela ne veut pas dire que cette rencontre ne sera pas belle, mais que l'accumulation de ces situations peut avoir un impact sur le couple. Il peut alors être important de ne pas se cantonner à ces rendez-vous « utiles ».

L'état d'anxiété généré par l'objectif à atteindre est malheureusement en contradiction avec la notion de sexualité, de lâcher-prise et d'abandon à l'autre et à soi-même.

L'attente d'une grossesse : à partir de quand s'inquiéter ?

L'OMS (Organisation mondiale de la santé) définit l'infertilité par « l'impossibilité d'aboutir à une grossesse après 12 mois ou plus de rapports sexuels non protégés et réguliers ». Elle distingue l'infertilité primaire, qui se définit par une incapacité à concevoir, et l'infertilité secondaire, qui est une incapacité à concevoir après avoir conçu au moins une fois. Les données de l'OMS[9] parlent de 48 millions de couples touchés par l'infertilité au niveau mondial.

En France, selon l'INSERM[10], un couple sur huit consulte pour des difficultés à concevoir un enfant et 90 % des couples ont eu un enfant après deux ans de tentatives.

Souvent, les couples s'inquiètent bien avant les 12 mois donnés par la définition de l'OMS, car la contraception donne l'illusion de maîtriser la fertilité. En fait, les moyens de contraception permettent de maîtriser (en grande partie) le non-désir d'enfant (momentané ou non), mais pas la fertilité.

---

9. *who.int.fr*
10. *Inserm.fr/dossier/infertilite*

Ça y est, vous êtes enceinte !

Du point de vue purement biologique, six à huit jours après la fécondation, la nidation de l'œuf dans votre paroi utérine déclenche la sécrétion de l'hormone HCG, également appelée hormone de grossesse. Cette dernière va entraîner de véritables bouleversements : durant douze semaines, cette hormone HCG sécrète à forte dose de la progestérone et des œstrogènes en attendant que le placenta prenne la relève et soit assez développé pour le faire lui-même. Pendant ces trois mois, vous allez vivre un véritable trop-plein d'hormones qui va vous chambouler, peut-être même vous submerger.

C'est ce que l'on appelle communément et de façon stéréotypée les « sautes d'humeur » de la femme enceinte.

Ces hormones, à des taux auxquels vous n'êtes pas habituée, vous jouent des tours et peuvent vous « tromper » sur vos émotions, engendrant cette hypersensibilisation.

D'ailleurs, cette sensibilité exacerbée est souvent interprétée comme un signe de grossesse.

Mais au-delà de ces signaux physiques, certaines savent qu'elles sont enceintes, avant même de découvrir le petit trait bleu sur le test. Une première intuition qui va en amener d'autres tout au long de la maternité.

Témoignage de Clémentine

> *Cela faisait quelques mois que nous souhaitions un deuxième enfant. Bien sûr, à chaque période de retour de règles, j'étais attentive aux moindres signes annonciateurs de grossesse : les seins douloureux, une sensibilité plus forte aux odeurs qui me donnait la nausée, une sensation étrange d'être accompagnée… C'est ma fille de 4 ans qui, un matin, a mis sa main sur mon ventre et m'a dit « Il y a un bébé dans ton ventre ». Je n'osais pas y croire ! Cette perception subtile était juste et m'a redonné confiance en mon intuition. Pourquoi est-ce que je refusais d'écouter mon corps alors que cela paraissait si simple pour ma fille ?*

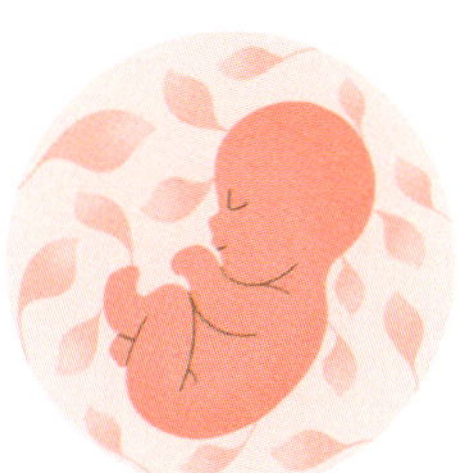

Les sens sens dessus dessous

Pendant toute votre grossesse, vous vivez des allers-retours incessants entre votre sensibilité, tournée vers le corps, et vos sensations, ouvertes vers l'extérieur. Des allers-retours vécus de manière exacerbée : votre corps se rappelle constamment à vous par ses changements, ses maux, par l'être qui croît à l'intérieur et qui se rappelle à votre bon souvenir. Vos sens sont soumis à rude épreuve, comme s'ils comptaient plus qu'avant, comme si le tamis qui permettait de faire le tri entre tous les stimuli extérieurs s'était ouvert et laissait passer un nombre incalculable d'informations.

Votre bébé va acquérir ses sens au fur et à mesure de son développement et dans le même temps, vous allez expérimenter vos sens de manière plus importante, comme pour vous mettre au diapason avec votre enfant.

Un nouveau schéma corporel : de nouvelles manières de percevoir le monde ?

Votre corps est le contenant de votre monde intérieur. Or, à présent, il change de volume, se dilate au fur et à mesure que grandit la vie en vous. Il prend de la densité et cela nécessite d'intégrer un nouveau schéma corporel.

Au tout début de la grossesse, vous ne percevrez peut-être pas vraiment de changements dans votre corps si ce n'est une immense fatigue et éventuellement des nausées.

Puis, la grossesse passant, il vous faudra vous adapter aux douleurs lombaires, aux tiraillements pelviens, à la constipation, aux reflux… toute une série de désagréments souvent passés sous silence.

L'adaptation corporelle passe par l'acceptation de ce nouveau corps : vos hanches s'élargissent, vos seins s'alourdissent… toutes ces rondeurs qui font la beauté des femmes enceintes, mais dont vous vous passeriez bien parfois !

Tout doucement, il a fallu desserrer le bouton du pantalon, puis changer de taille. Changer de taille de soutien-gorge, aussi. Et puis, finalement, passer aux vêtements de grossesse et autres vêtements extralarges.

Pour certaines, c'est un vrai bonheur de voir ce corps changer, prendre de l'espace, montrer au monde qu'il porte la vie. Pour d'autres, cela peut être une période compliquée pendant laquelle vous ne vous reconnaissez plus. En fonction de votre histoire personnelle et familiale, ce sera plus ou moins confortable, plus ou moins agréable de voir s'arrondir vos seins, votre ventre, vos hanches. Il y a des femmes qui prennent

8 kg et qui détestent ce nouveau corps ; d'autres qui prennent 20 kg et qui aiment ces « kilos de bonheur ». Tout est question de perspective.

La grossesse correspond donc à neuf mois d'adaptation à ce nouveau corps, mais surtout à une nouvelle fonction, celle de mère, même si vous l'êtes déjà par ailleurs.

UN AUTRE REGARD SUR LES INCONFORTS DE LA GROSSESSE

La médecine vous dit que ces inconforts sont liés à l'explosion hormonale que vous vivez. C'est en partie vrai, mais vous donner accès à leurs aspects émotionnels peut être un exercice qui vous amènera des prises de conscience.

En faisant un pas de côté pour les observer, vous pourriez leur trouver du sens. Ces inconforts ne seraient-ils pas là pour vous sortir du quotidien et vous rappeler que vous vivez l'expérience extraordinaire de porter la vie ? Cette grande fatigue, ces nausées et ces douleurs sont autant de raisons de ralentir le rythme, voire de stopper certaines activités. Combien de femmes se retrouvent alitées pendant leur grossesse alors même qu'elles étaient hyperactives et n'écoutaient pas les messages envoyés par leur corps ? Finalement, ces inconforts de la grossesse ne toucheraient-ils pas autant le cœur que le corps ?

Adolescence et matrescence

Le terme de matrescence a vu le jour en 1973 avec une anthropologue américaine, Dana Raphael. Il a ensuite été mis en avant en 2017 par une psychiatre américaine, Alexandra Sacks. Celle-ci souhaitait expliquer aux femmes qui venaient consulter qu'elles n'étaient ni malades, ni folles, ni dépressives, mais juste dans un processus d'adaptation vers leur nouveau rôle de mère. Ce terme combine à la fois le mot maternité et adolescence, associant les chamboulements émotionnels et physiques que vit une adolescente dans sa quête d'identité vers le monde adulte et ceux d'une femme dans sa maternité.

Souvenez-vous de votre adolescence : les changements physiques entraînent des changements psychiques et inversement. Le corps change et la personne ne se reconnaît pas forcément dans ses nouveaux contours, ou le corps semble en décalage avec les pensées et la maturité.

Certaines d'entre vous ont peut-être vécu aussi ce ressenti lors d'un gain ou d'une perte de poids importante et rapide : cela nécessite une grande adaptation dans la tête !

Au fur et à mesure que la vie physique évolue via votre corps, votre vie intérieure change aussi. Changement physique et maturation psychique sont intimement liés. Quelles que soient les modifications corporelles (puberté, perte ou prise de poids importante et rapide, grossesse...), elles ont un impact psychique parce que votre place dans le monde change.

Cela implique souvent un temps de décalage avec un besoin d'adaptation pour accepter ce nouveau corps.

Témoignage de Dorothée

> *Tout le monde me disait que j'étais magnifique, resplendissante. Mais moi, je ne me reconnaissais pas. Je ne peux pas dire si j'étais belle ou non, ce n'était juste pas moi. Je me regardais dans le miroir et il y avait une autre femme en face de moi. C'était une sensation très étrange. Comme si j'étais sortie de mon corps et que j'observais la scène. Je regardais ce ventre proéminent, je le touchais, je passais ma main dessus et cela me semblait une autre réalité.*

À présent, vous ne voyez plus le monde de la même manière, parce que votre place y a changé et l'hypersensibilisation que vous vivez pendant cette période vous pousse à l'adaptation et aux changements de paradigmes.

Oui, vous allez être mère. Et que ce soit la première, la deuxième ou la troisième fois, c'est toujours une révolution !

Que vous les acceptiez ou non, des milliers de questions vont surgir (de votre tête et de celles des autres !) et si vous prenez le temps d'y réfléchir et d'y répondre en conscience, elles peuvent transformer durablement votre manière de voir le monde.

Votre corps et votre psyché vont donc s'adapter jour après jour à cette transformation que vous vivez et si vous l'acceptez, votre moi profond suivra. Vous pourrez vous ouvrir à de nouveaux champs de conscience. De vos prises de conscience écologiques en passant par vos réflexions sur une nouvelle forme de parentalité, la maternité vous entrouvre une acceptation totale de vous-même qui changera la donne.

Cela fait beaucoup d'étapes à traverser en neuf mois seulement ! Il s'agit de tout un processus, un cheminement qui nous fait revisiter votre propre enfance, vos croyances, vos habitudes. On devient parent dès le désir de ce petit être, par la projection que l'on en fait.

Les différents changements que vous vivez pendant votre grossesse peuvent vous déstabiliser et générer doutes et incertitudes.

Il existe de nombreux chemins pour traverser ces zones d'inconfort.

Vous pouvez décider de ne dévoiler qu'une partie de vous : cette femme forte, qui gère, contrôle, anticipe et maîtrise tout ce qu'elle entreprend. Cette femme que l'on vous a appris à être depuis toute petite.

Mais vous vivez un moment exceptionnel de votre vie qui ne se maîtrise pas et vous rappelle que vous n'êtes pas toute-puissante.

Garder ce masque de « maîtrise » peut être une solution et vous pouvez vous sentir très heureuse comme cela. Mais il risque de vous empêcher de vivre pleinement ce moment, dans l'intensité des doutes, de la peur, mais aussi de la joie et de l'amour ! Il risque aussi de se fissurer et de vous laisser entrapercevoir qu'il existe d'autres manières de vivre cette vulnérabilité. Ce masque peut même tomber violemment, sans que vous vous y attendiez. Un peu comme un barrage qui cède et laisse passer un torrent d'eau qui emporte tout sur son passage. Il est très probable que ce masque vous prive de soutien, car en faisant croire aux autres que tout est OK, vous vous privez d'aide extérieure.

Vous savez au plus profond de vous que ces manières de faire et d'être ne sont que des façades. Mais vous avez peut-être peur de révéler une autre facette de vous-même, de vous décevoir et de décevoir les autres. Il s'agit peut-être d'une peur de la honte que cela pourrait générer.

Alors, vous pouvez aussi décider de montrer votre vulnérabilité, sans pour autant vous mettre en position de faiblesse ou de victime.

Témoignage d'Aude

> *Pendant le 1er trimestre, je n'osais pas demander aux gens de me laisser une place assise dans le bus. Ils ne pouvaient pas savoir que j'étais enceinte. Ils allaient peut-être même douter et croire que c'était une excuse. Puis, quand mon ventre a commencé à montrer au monde que j'étais enceinte, je n'osais pas non plus : je n'étais ni malade ni fragile ! J'étais juste fatiguée. Quand une amie m'a dit que je pouvais prendre cette place non pas parce que j'étais fragile et vulnérable, mais parce que je prenais soin de moi et de mon bébé, ça a changé ma vision et j'ai accepté de demander.*

Les personnes hypersensibles sont souvent présentées comme fragiles, vulnérables, sans contrôle de leurs émotions. Si vous acceptez de montrer votre vulnérabilité, vous acceptez de ne pas tout maîtriser et vous retrouvez un espace de créativité, de l'amour, de la joie, tout comme votre part d'humanité en lien avec les autres et vous-même. Vous acceptez de vivre pleinement des moments intenses. Vous découvrez des ressources inexploitées qui vous seront précieuses, en particulier pendant l'accouchement, puis dans votre parentalité. En étant à l'écoute de vos besoins et vos ressentis, vous accueillez ce que vous êtes avec, vos parts de lumière et d'ombre.

Accepter d'être vulnérable, c'est vous montrer nue, dans toute votre splendeur de femme, avec vos doutes et vos craintes, avec votre amour et votre humanité.

✦ Des sens exacerbés ✦

À travers votre corps, vous avez accès à cinq canaux de perception : le toucher, le goût, l'odorat, la vue et l'ouïe sont vos moyens de percevoir le monde. Ils sont plus ou moins développés et vous discernez plus ou moins finement les stimuli liés à chacun de vos sens. Pendant la maternité, l'écran qui filtre les entrées des stimuli s'affine et cela implique une grande adaptation dans le traitement des informations. Vous pouvez aussi avoir l'impression de découvrir à nouveau vos sens, différemment, et pourquoi pas découvrir aussi votre 6e sens, une manière de percevoir le monde par votre intuition.

Il faut parfois beaucoup de temps pour s'adapter au traitement de tant d'informations et cela peut engendrer fatigue, nausées, épuisement…

Ainsi, vos goûts peuvent changer : des envies de viande alors que vous êtes végétarienne, des envies de sucre alors que vous êtes plutôt salé, ou l'inverse. Certains goûts peuvent aussi vous révulser ou devenir trop présents.

Quant à votre odorat, vous pouvez percevoir des odeurs que personne ne sent, être indisposée par une cigarette fumée sur le trottoir d'en face, ou un parfum trop fort que les autres trouvent délicieux.

Les hormones sont souvent incriminées dans les nausées de la grossesse. Il est vrai que leur taux important de sécrétion vient surcharger votre foie qui a peut-être du mal à tout traiter. Mais ces nausées ne viendraient-elles pas aussi de vos perceptions olfactives et gustatives fortement modifiées ?

Le ralentissement naturel de la digestion pendant la grossesse peut aussi entraîner une adaptation difficile (reflux, nausées, constipation…), vous contraignant à réduire les quantités ingérées et à fractionner vos repas. Par l'attention que cette adaptation vous demande, vous augmentez votre conscience de vous-même.

La fatigue du 1er trimestre s'explique bien sûr physiquement : une division cellulaire intense, un système hormonal en explosion. Cette fatigue est là aussi pour vous inviter à ralentir, à prendre du temps pour vous, à vous recentrer et être à votre écoute. Cette fatigue est une alliée en vous engageant à vous reposer, à trouver un autre rythme, à décélérer.

Il est possible que vous dormiez beaucoup pendant ce 1er trimestre. Au-delà du repos du corps, le sommeil est aussi un état de retour à l'intérieur de vous. Il permet un accès différent, inédit, à votre corps et à votre bébé.

Ralentir le rythme implique de se poser et de laisser votre esprit vagabonder… ou parfois de ruminer. Nombre de femmes redoutent cet espace-là et préfèrent rester actives, voire hyperactives, jusqu'à ce que la vie leur rappelle parfois de manière violente le ralentissement à opérer.

Vos sens vous invitent à vous tourner vers votre vie intérieure. Leur exacerbation est une manière de vous adapter à un nouveau mode de perception de l'environnement, à votre corps qui se transforme pour s'habituer à un nouveau mode de fonctionnement.

Une première danse se met en place : vous captez plus d'informations en qualité et en quantité et le monde extérieur se laisse appréhender différemment. La perception de la réalité se décale. Cette danse plus ou moins douce et plus ou moins confortable vous amène à poser un autre regard sur le monde. À chaque nouvel élément ressenti, cette perception va changer votre place dans ce monde.

Pour prêter attention à vos sens, vous n'avez aucun effort particulier à fournir (contrairement aux méditants de pleine conscience qui portent leur attention sur certains éléments de leur environnement, par exemple). En effet, cela vous « tombe » dessus. Prêter attention à ces nouveaux phénomènes permet de les intégrer plus sereinement.

Témoignage d'Alice

Pendant ce 1er trimestre, j'étais épuisée. J'avais envie de dormir tout le temps. Le soir, je me couchais à 21 heures et j'aurais pu faire des grasses matinées à n'en plus finir. Nous avons décliné toutes les invitations. Nos amis ne comprenaient pas ce qui se passait. Le plus difficile a été au travail : je me suis même assoupie lors d'une réunion ! Comme la grossesse n'avait que quelques semaines, je n'avais rien dit à personne. Comment expliquer alors cette incroyable fatigue ? Je buvais café sur café pour tenir la journée et faire comme si de rien n'était. C'était aussi fatigant psychiquement, car j'avais l'impression de devoir me cacher alors que je n'avais rien fait de mal.

L'hypersensibilité comme hyperprésence au monde

Toutes ces transformations peuvent amener vers des perceptions plus subtiles. La grossesse est une porte d'entrée vers votre monde intérieur. Il existe beaucoup d'autres accès (les arts, la méditation, le sport…), mais celui-ci est physiologique. Entrer dans votre espace de pensées, vos souvenirs, réflexions, connaissances, croyances… rejaillit sur votre manière d'être au monde.

Cet accès à votre monde intérieur passe en particulier par une intuition plus affûtée. En accueillant ce qui est vivant à l'intérieur de vous, en disant oui à la vie que vous portez et à la vie en général, vous ouvrez une nouvelle porte sur des ressentis aiguisés.

Cette intuition est ancrée dans votre corps, contrairement à l'anxiété qui prend naissance dans votre mental. Aussi, vous avez peut-être envie de vous initier à des pratiques corporelles (si vous n'en pratiquiez pas avant). Yoga, danse, chant… votre corps qui porte la vie redevient central et vous vous reconnectez à votre moi profond à travers ces pratiques. Écouter votre corps amplifie vos perceptions et vous permet de retrouver votre calme, d'être plus ancrée[11], plus présente.

Le fait de percevoir de manière plus intense et plus subtile vous « oblige » à une autre manière d'être dans le monde, cela vous pousse à une hyperprésence. Votre manière de percevoir vos changements corporels, vos émotions en dents de scie et votre questionnement permanent vous apprendront beaucoup sur vous et sur la manière dont vous menez votre vie. Contrairement à ce qui se passe souvent dans votre quotidien, il n'y a pas de recherche de performance, mais la quête de ce qui fait votre humanité.

---

11. Avoir une écoute attentive de ses besoins physiques et matériels et les prendre en compte.

Témoignage de Céline

> *Je sentais qu'il fallait que je prenne soin de mon corps, que je me le réapproprie. J'ai commencé les cours de yoga prénatal. J'ai découvert certains muscles, je me suis rendu compte que je pouvais solliciter certaines parties de mon corps en laissant les autres tranquilles. C'était très satisfaisant. C'était à la fois de la détente et du mouvement dans ma maternité. J'ai tellement apprécié que j'ai continué le yoga en postnatal… et je n'ai jamais arrêté depuis !*

Cette hyperprésence peut se matérialiser de différentes manières, la plus courante étant l'alimentation en conscience. Au-delà des injonctions médicales (avec une liste de plus en plus importante d'aliments à ne pas consommer), c'est aussi l'occasion de prendre conscience que si certaines choses sont interdites, car potentiellement dangereuses, d'autres sont conseillées, car bénéfiques pour le bébé et la maman, comme les produits moins trafiqués, plus sains, d'origine biologique… Votre intuition sera alors souvent bonne conseillère sur les chemins à explorer. C'est aussi l'occasion de requestionner les évidences, en particulier en ce qui concerne l'hypermédicalisation de la naissance. Votre regard porté sur le monde passe d'un regard physique à un discernement fait avec le cœur. Et si on laissait faire le processus physiologique, que se passerait-il ? Que faudrait-il pour le soutenir et non pour le contrôler ?

Ainsi, vous changez. Physiquement, physiologiquement, psychiquement. Mais le monde autour de vous, lui, ne change pas, et l'adéquation entre vous deux peut devenir de plus en plus difficile.

Pendant la grossesse, tout se passe comme si la biologie vous donnait à nouveau une perception affûtée à la fois du monde extérieur et de votre monde intérieur.

Hypersensibilité et microbiote

Notre microbiote est constitué de micro-organismes (bactéries, virus, levures) qui peuplent différentes parties de notre corps et assurent notre défense. Ainsi, nous n'avons pas « un » mais « des » microbiotes : sur la peau, le vagin, les yeux, les oreilles... et l'intestin. Ce dernier est le plus important en poids (près de 2 kg en moyenne chez un adulte et plusieurs milliards de micro-organismes). Son influence sur notre cerveau est très importante et de la qualité de cette flore intestinale dépend la production, l'émission et la réception de messages adaptés à l'environnement. Ainsi, la communication entre cerveau et intestin représente des échanges incessants.

L'alimentation est souvent le premier réflexe quand on parle de microbiote : manger équilibré, varié (veillez aux apports en fibres tout particulièrement pendant la grossesse et le post-partum), prébiotiques, probiotiques... Vous trouverez des informations pratiques dans de nombreux ouvrages de naturopathie adaptés à la maternité[12].

Mais même si l'alimentation est un levier d'action important, il est loin d'être le seul. En effet, tout ce qui nous entoure a un impact sur notre flore : ce que nous respirons, ce que nous mettons sur notre peau, ce que nous ressentons... On sous-estime souvent l'impact des tensions sur notre microbiote. Chaque stress vient remettre en question l'équilibre de notre flore intestinale. Qui n'a pas eu des troubles digestifs après une grande émotion ?

Pendant la maternité, les perceptions sensorielles sont démultipliées, avec leur lot d'émotions en montagnes russes. S'accélèrent alors des échanges entre le système nerveux et l'intestin via le nerf vague, chacun envoyant des informations qui déséquilibrent un peu plus le microbiote.

De manière générale (hors maternité), les personnes hypersensibles semblent plus réceptives aux excitants (café, thé, chocolat) et sont davantage perturbées par les excès de sucre. Serait-ce en partie le résultat d'un microbiote déséquilibré ? Pendant la grossesse, soyez attentive aux effets de ces aliments sur votre corps et vos humeurs.

12. *Je vous invite tout particulièrement à découvrir Naturopathie* - Grossesse, post-partum et premiers mois avec bébé, *de Virginie Loth (Mango Éditions).*

La sexualité pendant la grossesse

En dehors de contre-indications médicales (menace d'accouchement prématuré, décollement placentaire…), la sexualité est tout à fait possible et même conseillée si cela correspond à vos envies. Votre périnée ne doit pas uniquement faire l'objet d'examens médicaux pendant neuf mois !

Pourtant, la sexualité pendant la grossesse est un sujet peu abordé pendant les consultations médicales alors que les questions sont nombreuses tant les sensations et les envies changent ! Parler de la sexualité pendant la grossesse, de ses fluctuations et de ses adaptations est aussi une manière de préparer votre sexualité en post-partum. En vous écoutant, en exprimant vos désirs et vos ressentis, votre sexualité en post-partum n'en sera que plus facile.

Si elle n'est envisagée que de manière mécanique, la sexualité vous prive d'intimité et prive aussi votre enfant du ressenti de plénitude. Pourtant, la sexualité est porteuse des mêmes valeurs humaines fondamentales que la grossesse : l'amour, l'affection, le lien à l'autre…

Néanmoins, votre hypersensibilisation liée à la grossesse peut être un frein au désir sexuel : hypersensibilité des seins, hormones venant perturber votre humeur, fatigue… Elle peut aussi, selon les moments, permettre une autre dimension dans votre sexualité. En envisageant de centrer l'acte sexuel non pas sur vos organes mais sur vos nouveaux ressentis et sur l'ensemble de votre être, vous pourrez découvrir de nouveaux plaisirs. Si votre couple fonctionne sur cette thématique dans le partage des besoins, envies et ressentis, l'hypersensibilisation que vous vivez est un cadeau, une porte ouverte sur d'autres manières de vivre votre sexualité. Si, en revanche, c'est un sujet assez tabou et que les partages sont difficiles, alors la fatigue, les seins tendus, les nausées… seront aussi vécus comme une carapace de protection par rapport à un mode de fonctionnement qui ne correspond plus à qui vous êtes aujourd'hui.

Il est commun de dire que le 1er trimestre, avec le chamboulement hormonal et la grande fatigue que vous pouvez ressentir, n'est pas une période très propice à une sexualité épanouie. La crainte d'une fausse couche peut générer du stress et en particulier une appréhension des relations sexuelles. Cette réserve peut alors être vécue comme un rejet par le partenaire à qui vous devez expliquer ce que vous traversez. Pourtant, pour de nombreuses femmes, ce moment correspond aussi au soulagement de vivre une sexualité en dehors de l'idée d'une grossesse possible, ce qui laisse alors plus de place à la spontanéité et au lâcher-prise, vecteurs de plaisir.

Le 2e trimestre, parfois appelé « trimestre du plaisir », peut être celui pendant lequel vous vous sentez le plus à l'aise dans votre corps. Vous avez moins de désagréments liés à la grossesse et votre libido s'envole. La peur de l'interruption naturelle de grossesse est derrière vous, l'accouchement est encore loin, vous êtes dans une période d'accalmie et de découvertes. Tous les changements hormonaux qui vous affectent sont identiques à ceux d'une phase d'excitation sexuelle : afflux sanguin dans les zones génitales et lubrification du vagin. Vos zones érogènes sont comme « à fleur de peau ». Cette sensibilité exacerbée peut vous mettre sur la réserve, la bascule dans l'inconfort, voire la douleur, n'étant pas loin. Mais cette hypersensibilisation présente aussi le bénéfice d'un orgasme plus facilement accessible.

Le 3e trimestre devient moins confortable physiquement parlant, mais il vous appelle à être pleinement présente dans votre vécu de grossesse. La sexualité se vivant et s'épanouissant dans l'instant présent, ce temps est donc une merveilleuse opportunité pour votre sexualité. Elle dépendra toutefois de la perception que vous avez de vos changements corporels et de ce que vous reflète votre partenaire. Ajoutons à cela une mobilité plus difficile. Ce trimestre nécessite donc de l'adaptation, de l'imagination et des changements d'habitudes. La conscience d'un bébé dans votre ventre (qui se rappelle à vous par des coups, par exemple) peut aussi détourner votre attention lors de l'acte sexuel. La communication mutuelle de vos sentiments, vos besoins et vos appréhensions est primordiale.

Bien sûr, tout cela reste très caricatural et certaines d'entre vous se reconnaîtront dans ce descriptif alors que d'autres n'auront aucune envie de relations intimes pendant cette période.

Pendant tous ces mois de grossesse, votre sexualité va donc évoluer en fonction de vos états intérieurs et de vos ressentis. Votre adaptation (et celle de votre partenaire !) vous permettra d'explorer de nouvelles terres et de préparer une nouvelle période de vie après l'arrivée de votre bébé.

ET LE PARTENAIRE ?

Même s'il est à l'écoute de vos besoins, votre partenaire peut être déstabilisé par l'exacerbation de vos sens et de vos émotions et ne pas toujours comprendre ce qui se passe. Par la communication, vous pourrez mutuellement vous ajuster, lever des peurs, des freins et éviter ainsi de prendre parfois des décisions radicales qui pourraient avoir un impact sur votre couple. Par exemple, stopper sans échanges ni explications tous rapprochements physiques avec votre partenaire pourrait le blesser et le faire douter de votre amour pour lui.

À travers le regard de votre partenaire, vous pouvez aimer ou non votre corps qui change. Son regard vous porte ou au contraire vous alourdit. Et le regard que vous portez sur vous-même est loin d'être anodin : ce n'est pas celui de n'importe qui.

Témoignage de Laure

> *Je dirai que notre sexualité a eu ses hauts et ses bas, comme dans la vie courante. La grossesse est venue ajouter de nouvelles sensations corporelles, des ressentis à la fois plus subtils et plus intenses. Mon attitude était très ambivalente : j'avais envie, mais le moindre mot ou le moindre geste me ramenait sur terre et m'empêchait de prendre du plaisir. En même temps, j'ai connu une intensité que je n'avais jamais atteinte auparavant. Tout cela était très surprenant à expérimenter et nous a demandé beaucoup de communication, d'amour et d'adaptation.*

La valse des émotions

Pendant la grossesse, vos émotions deviennent souvent exagérées, changeantes, imprévisibles. Vous êtes irritable, des crises de larmes peuvent surgir sans crier gare, comme les sautes d'humeur... Tout cela est attribué aux hormones qui viennent bouleverser votre sensibilité aux stimuli extérieurs dans le but de préparer votre passage à votre nouveau statut, celui de mère.

Savez-vous ce qu'est le *pregnancy brain* ? En 2016, une étude menée par Elseline A. Hoekzema[13] portrait sur la plasticité cérébrale pendant la période du péri-partum. Elle a démontré que le flot hormonal, et notamment le flot d'hormones sexuelles (comme les œstrogènes et la progestérone), entraîne une modification de la taille et de la structure de la substance grise (tissu du système nerveux central).

Rassurez-vous, cette baisse de la matière grise dans des régions du cerveau associées aux aptitudes sociales n'a pas de conséquences sur les capacités intellectuelles. Au moment de la puberté, selon un principe similaire, ces modifications du nombre et de la morphologie des neurones permettent une spécialisation. Cette réduction est en fait un remodelage, une réorganisation des connexions. Il s'agit d'une maturation du cerveau pour mieux reconnaître les visages et les émotions, en particulier celles de votre bébé.

Cette étude précise ainsi une corrélation entre un taux d'œstrogènes élevé pendant la grossesse et une attention accrue aux besoins des bébés par la suite.

Ces modifications sont visibles dans le cerveau jusqu'à deux ans après la naissance de l'enfant.

---

13. Hoekzema Elseline A. *"Pregnancy leads to long-lasting changes in human brain structure"*, Neuroscience Nature, *2016*.

Le trop-plein à vivre au quotidien

La société actuelle vous demande d'être informée sur ce que vous allez vivre, ce que vous allez traverser, ce qu'il va se passer pendant la maternité et pendant la parentalité, et surtout vous demande d'être raisonnable. Pour cela, tout vous pousse à refréner vos émotions : une mère ne peut pas être excessive. Pour ses enfants, pour son partenaire et pour les autres, elle se doit d'être dans la juste mesure et ne pas se laisser happer par le tumulte des émotions.

Pendant la grossesse se manifeste ce que l'on appelle une « hyperémotivité », c'est-à-dire une sensibilité plus élevée à vos émotions. La moindre vue d'un chaton peut vous mettre les larmes aux yeux ou les informations du journal télévisé vous tétaniser. Vous pouvez aussi éclater de rire à la moindre blague de votre oncle qui n'a aucun humour ou entrer dans une colère noire parce que le bouchon du dentifrice n'est pas remis.

Voilà des exemples d'une « hyperémotivité » : des émotions qui prennent des proportions démesurées au regard de l'événement déclencheur. Vous avez peut-être du mal à vous reconnaître et avez la sensation d'être « emportée » par vos émotions, d'être submergée par elles.

Cette hyperémotivité peut vous jouer des tours, dans le milieu professionnel en particulier.

Il peut par exemple ne pas être facile pour vous de retenir vos larmes devant vos collègues de travail parce que la machine à café ne fonctionne plus. Pourtant, voir les émotions comme positives ou négatives est un postulat sociétal. Les émotions en elles-mêmes n'ont rien de positif ou négatif. Certaines sont juste plus agréables à vivre que d'autres.

Pendant la grossesse, cette hyperémotivité est aussi l'occasion de découvrir ce qui peut se cacher sous ces émotions. Prendre conscience de ce qui vous met hors de vous, de ce qui vous rend triste, de ce qui vous met en joie sera une aide précieuse pour votre vie de mère. Cela simplifiera votre quotidien, car vous saurez de quoi vous protéger et quelles ressources aller chercher.

Les émotions pendant la grossesse se succèdent à un rythme bien supérieur à d'habitude, avec une intensité souvent beaucoup plus importante. C'est un peu les montagnes russes !

Avoir une sensibilité plus élevée peut aussi signifier ressentir pleinement dans son corps chaque évocation d'un objet ou d'une situation. Vous pouvez donc être mal à l'aise avec les films violents, les récits traumatisants, les journaux.

Témoignage de Marion

Le matin, j'écoute les informations dans ma voiture ; le soir, je les regarde à la télévision. C'est une habitude et il est important pour moi d'être au courant de tout ce qui se passe dans le monde. Enceinte, j'ai commencé à avoir du mal à oublier les images que je voyais. Tout ce qui touchait les enfants m'affectait particulièrement. Je me suis surprise à pleurer plusieurs fois en écoutant les nouvelles. Je me demandais dans quel monde allait naître mon enfant, si ce n'était pas une erreur de le porter, si ce n'était pas égoïste. Alors j'ai commencé à ne plus regarder, seulement à écouter la radio. Puis je me suis mise à lire les informations. C'est moins violent pour moi. Je ne le fais qu'une seule fois par jour. J'ai trouvé un compromis qui me correspond.

Et si vous portiez un regard différent sur vos émotions ?

Nous avons précédemment abordé les différentes émotions (voir p. 21). Dans un contexte de maternité, je vous propose de nous attarder sur celles que vous allez tout particulièrement traverser : la joie, la tristesse, la colère et la peur.

La joie : l'émotion mythique de la maternité

La joie est un « sentiment de plaisir, de bonheur intense, caractérisé par sa plénitude et sa durée limitée, et éprouvé par quelqu'un dont une aspiration, un désir est satisfait ou en voie de l'être » (dictionnaire *Larousse*).

Il s'agit de l'émotion iconique de la grossesse, celle que tout le monde attend d'une femme enceinte : joie de porter la vie, de se savoir bientôt mère, de créer sa propre famille…

La joie manifeste le fait de vous sentir vivante, de renouveler votre amour à votre partenaire tout en révelant votre émerveillement et votre plénitude. Elle augmente l'énergie disponible et renforce la sensation de bien-être.

Mais comme toute émotion, la joie est un état transitoire. Vous ne pouvez pas être joyeuse tout le temps ! Attendre d'une femme enceinte qu'elle soit joyeuse de manière continue est un non-sens. Et pourtant, c'est souvent le cas.

Les hormones pendant la grossesse

Pour permettre le bon développement du fœtus, votre corps va sécréter plusieurs hormones en très grandes quantités. Ces taux importants peuvent avoir une influence à la fois sur votre corps et sur vos humeurs.

L'hormone gonadotrophine chorionique (HCG) augmente fortement pendant les 8 à 10 premières semaines de grossesse pour maintenir en activité le corps jaune nécessaire à l'implantation de l'œuf. C'est pour cette raison qu'elle est « l'hormone annonciatrice de la grossesse ». Sa sécrétion baisse au 3e mois, car le placenta prend le relais. La temporalité entre sa baisse et la fin des haut-le-cœur la rend responsable des nausées du 1er trimestre.

La progestérone est sécrétée en particulier pour maintenir le bébé dans le muscle utérin. Son effet « décontractant » permet l'augmentation physiologique du volume sanguin de la femme enceinte, mais a aussi ses revers : constipation, remontées acides en raison d'une vidange gastrique plus lente, baisse de tension…

Les œstrogènes stimulent la production de nouvelles cellules, favorisent la croissance utérine et ont un effet relaxant sur les tissus. Elles sont vraisemblablement à l'origine d'une hypersensibilité de l'odorat, entraînant de possibles nausées. Elles permettent une hyperlaxité ligamentaire nécessaire pour que le bassin s'élargisse, mais la contrepartie peut se manifester par des douleurs articulaires.

L'ocytocine, hormone de l'accouchement[14], augmente au fur et à mesure de la grossesse. Elle permet la contractilité de l'utérus pour faire sortir le bébé et joue un rôle important dans l'attachement à son enfant. Elle est de plus en plus remplacée par une hormone de synthèse pendant l'accouchement. Cette dernière possède les mêmes caractéristiques contractiles, mais se pose la question de son impact sur l'attachement à l'enfant[15].

La prolactine permet la montée de lait et bloque l'ovulation sous certaines conditions.

Toutes les femmes n'ont pas la même sensibilité aux hormones. Différents facteurs sont en jeu : la sensibilité personnelle, le contexte, la génétique…

---

14. *Voir p. 69.*
15. Bell A. F., Erickson E. N., Carter C. S., "Beyond labor : the role of natural and synthetic oxytocin in the transition to motherhood", J. Midwifery Womens Health, *janvier 2014.*

COMMENT CULTIVER LA JOIE AU QUOTIDIEN ?

La joie apparaît dans des circonstances particulières, mais vous pouvez aussi la retrouver en revenant à vos sensations corporelles. En profitant des moments agréables, en intégrant les signes que votre corps vous envoie à ce moment-là, vous vous offrez un autre chemin d'accès à la joie. Il n'y a pas forcément besoin d'éléments extérieurs pour y accéder. Voici quelques suggestions de chemins d'accès à la joie :

- *écouter une musique que vous aimez ;*
- *lire un livre qui vous fait envie ;*
- *savourer un en-cas ;*
- *boire votre boisson préférée ;*
- *marcher pieds nus dans l'herbe ;*
- *regarder la pluie tomber…*

En trouvant ce qui vous met en joie sans attendre l'arrivée d'événements extérieurs, vous deviendrez une mère moins exigeante et plus apaisée.

Témoignage d'Andrea

> *Bien sûr, j'étais heureuse d'attendre notre enfant. Nous l'avions tant désiré et tant attendu ! Mais être enceinte n'a pas été pour moi une partie de plaisir ! Entre les nausées, mes kilos et mon cerveau qui n'était jamais au repos, j'étais exténuée. Je pensais tout le temps à notre vie d'après, ce qu'il fallait acheter, aménager, comment nous allions nous organiser… Et puis j'ai compris que je ne pouvais pas être sur un petit nuage pendant neuf mois, qu'il y avait des hauts et des bas comme dans le reste de la vie. Alors j'ai accepté de vivre aussi les moments moins agréables et le fait de les trouver « normaux » m'a permis de les rendre plus faciles à vivre.*

La tristesse : une émotion réprimée

La tristesse apparaît à la suite de la perte d'un être cher, d'un objet, d'un rôle valorisant que vous vous étiez attribué ou qui vous avez été attribué… Elle a un rôle de régulation psychologique, car l'humain est fait pour s'attacher. Comme toutes les autres émotions, elle est normale et joue son rôle de messagère.

Pourtant, il vous est sûrement déjà arrivé de dire combien la grossesse a ses moments difficiles. Et quels ont été les retours ? La plupart du temps, quelque chose comme « Mais regarde, tu as tout pour être heureuse ! Souris au lieu de te lamenter ! ».

Alors vous vous en voulez de vos états d'âme… C'est vrai, vous avez tout pour être heureuse. Pourtant, il peut y avoir de nombreuses raisons d'être triste : quitter sa vie d'avant, la fin de l'insouciance, la tristesse du monde qui nous entoure, votre monde intérieur qui ressurgit… La tristesse peut aussi refléter un manque de partage ou un ressenti de solitude. En raison d'un décalage entre vos ressentis et le ressenti des autres, la grossesse engendre souvent cette sensation même si vous êtes très entourée.

La tristesse a aussi de nombreux aspects positifs : elle peut être là pour apaiser « les vieux dossiers ». Les larmes dites « d'émotion » contiennent en effet plus d'hormones que les larmes de lubrification ou que les larmes réflexes (en réponse à une agression chimique ou mécanique). En permettant l'évacuation de toxines associées au stress, elles permettent une régulation interne et une libération des tensions. Pleurer permet aussi d'augmenter votre sécrétion d'endorphines, permettant un apaisement.

La tristesse donne accès au retour au calme, oblige à prendre du temps pour intégrer les événements. Elle est un mouvement de repli sur soi, et offre un temps d'introspection pour savoir si vous êtes en accord avec vos valeurs. Non, vous ne pleurez pas pour rien quand vous êtes enceinte !

ACCUEILLIR SA TRISTESSE

Comme toute émotion, la tristesse doit s'exprimer. Alors ne retenez pas vos larmes, parlez, écrivez, dessinez, dansez… Respectez cette émotion, accueillez-la et ne laissez personne vous dire qu'elle n'est pas juste.

Témoignage de Julie

Il m'est arrivé pendant ma grossesse d'avoir de gros coups de blues. J'étais immensément triste et je ne savais pas pourquoi. Je ne comprenais pas. J'ai même cru que je faisais une dépression. Je suis allée voir un professionnel de santé qui, après diagnostic, m'a rassurée. Non, je n'étais pas malade. C'était juste un passage difficile. Je croyais qu'enceinte, je serais en joie tout le temps, mais ce n'est pas possible. Et moi, j'étais très souvent triste. Cette tristesse est partie à l'arrivée de mon bébé.

La colère : une émotion interdite

La colère est un état affectif violent et passager consécutif à un sentiment d'agression ou à un désagrément. Elle vous alerte sur un sentiment d'injustice, un obstacle ; défend votre intégrité physique ou psychologique : vous êtes en colère quand vos essentiels sont menacés.

Elle met en forme cette friction entre votre vécu « du dedans » et le vécu extérieur. Elle tend à se cristalliser souvent sur l'institution hospitalière : le décalage entre le vécu intime de la naissance que vous souhaitez et la manière dont l'institution propose de vivre votre maternité peut vous sembler tellement important qu'il engendre de la colère.

En particulier, vous pouvez avoir l'impression que le personnel de santé veut vous faire rentrer dans des cases alors que vous êtes unique, avec un suivi centré sur le bébé alors que vous avez besoin d'exprimer tous ces changements en vous.

La colère peut aussi se tourner vers votre partenaire qui, selon vous, ne comprend rien, ne s'implique pas... C'est normal, car l'entrée en paternité ne s'effectue pas au même rythme que le devenir-mère. Ce décalage engendre des incompréhensions qui, si elles ne sont pas exprimées, peuvent se transformer en rancœur ou en colère.

La colère a finalement pour objectif de vous protéger, soit en mettant l'objet de votre colère à distance, soit en vous battant contre lui. Elle a des qualités mobilisatrices (oser dire, oser faire), est vectrice d'action et aide à trouver des solutions. Je vous invite à utiliser cette émotion pour mobiliser votre énergie vers ce que vous souhaitez vivre et non vers ce contre quoi vous voulez lutter.

TRAVERSER SA COLÈRE SANS SE LAISSER SUBMERGER

La grossesse est une période propice à l'introspection. À chaque colère que vous ressentez, vous pouvez vous demander quel a été son déclencheur. Quel élément extérieur est venu éveiller cette tempête ? Peut-être arriverez-vous petit à petit à réduire la brutalité de vos réactions en prenant ce recul.

Lorsque la colère est là, le plus efficace est de pratiquer une respiration ample, fluide et abdominale. Vous pouvez compter 4 temps sur l'inspiration et 6 temps sur l'expiration. Une expiration plus longue vous permettra plus facilement de vous recentrer sur vos ressentis corporels.

Témoignage d'Adeline

> *Quand j'ai commencé à me renseigner sur les différentes manières d'accoucher, j'ai découvert combien les femmes devaient être soumises pendant ce moment-là, qu'on les privait de leur mobilité, d'accès à la nourriture et à l'eau. Je me suis demandé pourquoi toutes ces femmes qui avaient accouché avant moi n'avaient rien fait, rien dit, s'étaient laissé faire. Ça m'a mise très en colère : si elles avaient pris soin d'elles-mêmes avant, je n'aurais pas à me battre maintenant !*

La peur : une émotion omniprésente

La peur est un « sentiment d'angoisse éprouvé en présence ou à la pensée d'un danger, réel ou supposé, d'une menace » (*Larousse*). Elle alerte sur un danger, réel ou imaginaire, menaçant l'intégrité physique, psychique ou encore sociale (peur d'être rejetée, quittée…). C'est sûrement l'une des émotions les plus anciennes chez l'homme et les animaux. Elle peut être stimulante ou bloquante, selon vos expériences passées et le contexte. Elle génère trois stratégies : la fuite, l'attaque ou la sidération. Elle se manifeste corporellement par un afflux de sang, une augmentation de l'adrénaline et de la transpiration, une accélération du rythme cardiaque et du rythme respiratoire, des tremblements, la chair de poule, des cris, une paralysie…

Elle est omniprésente pendant la grossesse, renforcée par une présence médicale importante qui rappelle tous les dangers : peur de perdre son bébé, peur d'avoir un enfant différent du bébé rêvé, peur de ne pas être à la hauteur, de perdre son corps d'avant, peur de l'inconnu, de l'accouchement…

Les peurs peuvent résulter de nombreuses causes qu'il peut être intéressant d'identifier pour les supprimer, s'en affranchir et les dépasser.

Celles-ci peuvent être tout d'abord liées à vos expériences passées. Avoir vécu une fausse couche auparavant crée une angoisse de perte sur les prochaines grossesses. Une hospitalisation mal vécue (pour soi ou pour quelqu'un de cher) peut entraîner une peur des hôpitaux.

Les peurs peuvent aussi être transgénérationnelles, c'est-à-dire transmises par vos aïeux à travers l'inconscient familial. Vous pouvez en effet hériter des traumatismes de vos ancêtres sans pour autant en être consciente. La minimisation, voire la négation d'un événement traumatique (perte d'un enfant, fausse couche…), ancre ce traumatisme qui se transmet dans l'inconscient familial. Cela peut conduire à des peurs irrationnelles de perdre son bébé ou de mourir en couches, car les générations antérieures n'ont pas fait le deuil de ces traumatismes.

Les peurs peuvent aussi être sociétales, transmises par notre culture et par la société à force de les entendre dans les différents médias. Ou trouver leur source dans notre éducation qui nous a proposé un seul point de vue et ne nous a pas ouvertes sur d'autres perspectives : peur de la douleur de l'accouchement, des kilos en trop, des vergetures, d'être moins aimée par notre partenaire…

Enfin, il existe des peurs existentielles : en donnant la vie, vous donnez aussi un temps fini et êtes confrontée à l'idée de la mort.

Témoignage de Karine

> *J'avais très peur du handicap. J'avais peur que mon enfant ne soit pas « normal », qu'il ait un souci physique ou neurologique. En discutant avec d'autres femmes pendant les cours de préparation à la naissance, j'ai bien vu que cette peur était complètement disproportionnée, que les autres ne la vivaient pas de la même manière, voire pas du tout. Je me suis demandé pourquoi j'avais si peur. J'ai interrogé ma mère puis ma grand-mère. Après plusieurs discussions, cette dernière a fini par me dire que sa propre grand-mère avait eu un premier enfant handicapé et qu'elle l'avait abandonné. Une histoire horrible, un secret de famille que je portais sans m'en rendre compte. Ce n'était pas ma peur que je portais, mais la sienne.*

Ce yoyo des émotions vous pousse hors de votre zone de confort. Tout se complique encore quand les émotions se succèdent les unes après les autres dans un rythme effréné. Dans un laps de temps très court, vous pouvez ainsi être heureuse d'être enceinte et ressentir de la gratitude pour cette vie que vous portez, puis être triste parce que vous allez perdre votre vie d'avant et votre insouciance, puis en colère, car vous avez lu un énième article sur les violences obstétricales et enfin ressentir beaucoup de culpabilité de vivre tout cela en même temps ! Ce brassage d'émotions vous invite à devenir plus souple émotionnellement, comme pour vous préparer à la parentalité.Laissez circuler ces émotions sans culpabiliser.

Oui, il est vrai que votre bébé ressent toutes vos émotions et qu'il existe une transmission « transnatale », c'est-à-dire que le fœtus fait le lien entre le ressenti et le stimulus. Mais cela ne doit pas vous empêcher de les traverser. Votre bébé ressentira toujours vos émotions, baigné par la sécrétion d'hormones. L'essentiel est de lui dire avec vos mains et votre cœur que cela ne le concerne pas et qu'il est en sécurité.

Chacune traverse ses émotions comme elle le peut. Il arrive que des femmes à la sensibilité plus élevée centrent leur attention sur leur bébé, ce qui leur permet de prendre de la distance vis-à-vis de leur environnement et des émotions des autres. Elles arrivent mieux à se protéger.

Témoignage d'Alexia

> *Moi qui suis hypersensible, qui ressens tout de manière disproportionnée, seul mon bébé importait pendant ma grossesse. Le monde pouvait s'écrouler, je n'avais d'attention que pour mon ventre arrondi. Je me surprenais moi-même. C'est comme si je m'étais coupée du monde extérieur ou que j'avais mis des filtres et que tout se centrait sur mon intérieur et mon bébé.*

Toutes ces émotions vous poussent hors de votre zone de confort. Elles viennent vous bousculer pour changer votre perception du monde, votre monde intérieur en cours de remaniement psychique pour devenir mère, mais aussi votre perception des émotions des autres. En effet, votre hyperempathie vous fait ressembler à une véritable éponge émotionnelle. Certaines de ces émotions peuvent être tenues à l'écart, en particulier en vous mettant à distance des conseils non sollicités, des médias et des réseaux sociaux.

QUE FAIRE DE TOUTES VOS ÉMOTIONS ?

Vous pouvez profiter de votre grossesse pour observer vos comportements et modes de fonctionnement : qu'est-ce qui vous énerve, vous attriste, vous met en joie ? Comment contournez-vous ce qui vous gêne ? Pour ne pas souffrir, ne pas ressentir, quels mécanismes de défense mettez-vous en place ?

La conscientisation de vos modes de réflexion sera précieuse lors de votre enfantement et de votre parentalité. Ces émotions représentent en effet une grande chance : elles vous demandent plus d'adaptabilité, ce qui constitue une ressource précieuse quand on a un enfant.

Vous avez aussi la possibilité de chercher la lumière derrière vos émotions : soyez curieuse, renseignez-vous, discutez-en... Derrière chaque émotion se cache un cadeau qui vous permettra de mieux vous connaître.

Enfin, soyez prête à accueillir ces émotions, à les reconnaître, les « embrasser[16] », leur donner du sens. Ce sont ces émotions qui vous permettent de libérer vos tensions intérieures.

16. *Tich Nhat Hanh, maître bouddhiste vietnamien, invite à « embrasser » (en référence à l'anglais « embrace ») nos émotions, comme une maman entoure son enfant de ses bras pour le consoler.*

La grossesse : une aventure spirituelle ?

À en croire la médecine occidentale, la grossesse semble se passer uniquement dans votre ventre. Pourtant, l'essentiel se joue dans votre tête et votre cœur.

Au moment où la vie prend forme dans votre matrice, vous développez une sensibilité plus accrue pour vous mettre au diapason avec votre enfant, qui baigne dans un milieu aquatique ultrasensoriel. Comme si chacun d'entre vous faisait un pas vers l'autre : le bébé vers le monde de sa mère et la mère vers celui de son enfant.

Ralentir pour retrouver votre intuition

La grossesse est une expérience de vie qui vous pousse à ralentir, à expérimenter un mode de vie moins tourné vers l'action et l'extérieur, mais davantage vers votre monde intérieur. Malgré l'accélération de notre rythme de vie et le diktat de l'instantanéité, le temps de la grossesse, lui, ne change pas. Il faut toujours neuf mois pour qu'un bébé vienne au monde. Vous ne pouvez pas maîtriser ce temps. Contrairement à nos modes de vie occidentaux qui nous projettent hors du monde, la grossesse invite à nous reconnecter à un rythme plus en phase avec celui de la nature. Cela demande beaucoup d'adaptabilité, en particulier dans le milieu professionnel. Il est parfois délicat d'assumer son métier qui peut paraître éloigné du sens de la vie et d'assurer ses contraintes horaires alors que vous souhaitez du temps pour vous et votre bébé.

Témoignage d'Émilie

> *Je suis de nature hyperactive et ma grossesse n'a rien changé. Je courais partout, j'avais mille choses à faire. Je faisais des listes dans tous les sens : une liste de choses à acheter pour préparer l'arrivée du bébé, une liste de choses à faire pour ma grossesse, plusieurs listes pour différents projets au travail, une liste pour la maison…*
>
> *Jusqu'au moment où le médecin m'a arrêtée et demandé de rester alitée. Cela a été un choc ! C'était impensable pour moi, mais il a fallu m'y résoudre pour le bon développement de mon enfant. Ce fut une véritable épreuve qui m'a appris que je n'étais pas superwoman et que personne ne me le demandait sauf moi !*
>
> *Avec du recul, ce fut la meilleure chose qui me soit arrivée pendant cette grossesse. J'ai appris à déléguer, j'ai lu, regardé des vidéos sur l'accouchement, pris soin de moi. J'ai appris à écouter mes besoins, mes envies, mon intuition. Cette hyperactivité cachait des peurs qu'il a fallu que je traverse, mais j'en suis sortie grandie pour accueillir cet enfant.*

Chaque trimestre pousse à trouver un nouveau rythme. Le 1er trimestre est souvent le temps d'une grande fatigue qui invite au repos. Le 2e trimestre permet de retrouver de l'énergie, mais invite à prioriser ses activités. Il n'est plus question de tout faire comme avant, mais de se positionner pour choisir ce qui relève pour vous de l'indispensable et de l'important. Le 3e trimestre est principalement un temps de nidification et d'attente du grand jour. Un temps dilaté, large, en expansion… comme votre ventre ! Un temps qui peut paraître long et que vous souhaiterez peut-être raccourcir et en même temps un temps excitant. Un temps que je vous invite à savourer.

Tous ces temps de repos, de vagabondage de l'esprit, de simple présence à ce qui se passe en vous et autour de vous mobilisent ce que l'on appelle le « réseau par défaut », un ensemble de régions de votre cerveau qui s'activent ensemble lors de la phase d'éveil, mais sans activité précise ni distraction. Ces temps sont particulièrement importants, car votre cerveau procède alors aux ajustements nécessaires entre le monde extérieur et votre monde intérieur. En outre, mobiliser ce réseau permet de développer votre empathie, votre intuition et votre créativité : des éléments fondamentaux pour votre parentalité !

POURQUOI ET COMMENT PRATIQUER LA MÉDITATION ?

La méditation permet de développer votre silence et vos espaces intérieurs dans lesquels viendront grandir votre intuition et vos perceptions. Elle favorise un meilleur discernement et vous invite à prendre de la distance avec les événements. Elle ouvre l'accès à cet espace intime dans lequel vous êtes en sécurité.

À chacune d'entre vous de trouver sa propre manière d'entrer en méditation. Pour certaines, il sera facile de s'asseoir en tailleur et de rester, les yeux mi-clos, quelques minutes ou bien plus. Pour d'autres, il faudra entrer en action pour accéder à cet espace différent. De nombreuses activités, grâce à leurs mouvements répétitifs, permettent d'entrer dans le même état de conscience : marcher, tricoter, colorier, faire la vaisselle… À vous d'essayer et de voir ce qui vous convient !

En ralentissant votre rythme, vous vous mettez à l'écoute du monde ou plutôt des mondes : extérieur et intérieur. Le développement de vos perceptions vous permet une connaissance plus fine de l'environnement, le plus souvent de manière inconsciente.

Les personnes ayant une sensibilité plus élevée ont en général une intuition plus développée, en lien avec des perceptions sensorielles et extrasensorielles accrues. La grossesse peut être l'occasion de vous familiariser avec cette intuition et les signes que vous percevez.

Vous découvrir grâce à votre enfant

C'est à travers l'autre que l'on accède à soi. D'habitude, cet accès se fait au travers des discussions avec notre entourage : conjoint, famille, amis, voire thérapeute. Dans cette aventure de la grossesse, vous portez un être à l'intérieur de vous et cela entraîne un travail intérieur accéléré. C'est l'occasion de plonger au plus profond de vous tout en étant dans le monde.

La grossesse propose ainsi une « psychothérapie naturelle[17] » pendant laquelle vous faites des allers-retours incessants entre deux rives : vos yeux fermés, vous accédez à votre intériorité ; vos yeux ouverts, vous accostez sur le monde extérieur tout en restant connectée au premier monde. C'est pour cette raison que nous avons souvent l'impression que les femmes enceintes ne sont pas toujours « présentes ».

Ce temps de travail intérieur peut être l'occasion de réévaluer votre existence et de faire des choix : habitudes, relations, comportements.

Témoignage d'Indie

> *Je racontais à mon bébé tout ce qui se passait autour de nous. Je posais ma main sur mon ventre et je lui décrivais ce que je voyais, entendais, ressentais. Parfois, je le faisais à haute voix, quand j'étais seule chez moi, mais la plupart du temps, je lui parlais dans ma tête. C'était comme un monologue qui me permettait d'affiner mes réflexions. Le fait d'exprimer mes questionnements et mes ressentis m'obligeait à trouver les mots justes. Tout doucement, je poussais un peu plus mes réflexions. Ces allers-retours incessants entre ce dialogue intérieur avec mon fils et le monde extérieur étaient parfois drôles, parfois fatigants. En tout cas, j'avais l'impression de cheminer plus vite avec lui que toute seule !*

17. *Selon les termes du Dr Hugues Reynes, gynécologue obstétricien et auteur.*

COMMENT PRENDRE CONSCIENCE DE MA RESPIRATION ?

Installez-vous confortablement, votre colonne vertébrale allongée, votre menton légèrement rentré. Prenez alors conscience de vos points d'appui et en particulier de votre bassin.

Puis prêtez attention à votre souffle, qui entre et sort de votre corps. Vous sentez la fraîcheur de l'air entrer par vos narines, descendre dans votre gorge puis se diffuser dans chacune de vos cellules, jusqu'au bout de vos orteils. Vous sentez cet air chaud prendre le chemin inverse et sortir par votre bouche. Cet air agit comme une vague qui vous masse de la tête aux pieds, puis des pieds jusqu'au sommet du crâne. Vous prenez conscience qu'à chaque inspiration votre ventre se gonfle légèrement, sans forcer, et votre poitrine prend de l'ampleur. À chaque expiration, votre nombril cherche à se plaquer à l'intérieur de vous.

À chaque passage, cette vague qui va et qui vient vous détend un peu plus. Elle masse votre corps et votre moi profond. Vous suivez ce chemin par la pensée, vous dansez avec ces allers-retours.

La vie avec le monde extérieur ressemble à présent à cela, des allers-retours d'un « dedans » à un « dehors », exactement comme le rythme de votre respiration.

✦ Une plus grande connexion au monde ✦

Être enceinte soulève inévitablement la question de l'origine de la vie. Même si vous connaissez parfaitement les mécanismes biologiques que vous traversez, ce savoir ne supprime pas les questions existentielles qui vont de pair : pourquoi moi ? Pourquoi lui ? Quelle est la place du hasard ? Comment parler non pas de ce fœtus, mais de cet être à part entière ?

Loin d'être un mécanisme de fabrication, la grossesse est un mécanisme de création, avec son lot d'imprévus, de rebondissements, d'éléments inexplicables et donc de mystère.

Toutes ces questions créent une intériorité plus riche qui peut permettre une plus grande connexion au monde extérieur.

Cette plus grande sensibilité dont nous avons parlé permet au travers d'un nouveau traitement de vos sens de découvrir le monde sous une autre facette : à la fois de manière plus subtile, en prenant conscience d'éléments que les autres ne perçoivent pas forcément, mais aussi de manière plus intense, quand vous êtes assommée par une sensorialité puissance mille.

Cette nouvelle connexion à votre environnement vous permet aussi d'explorer différents chemins. Peu importent vos choix : tout sera OK parce que votre décision sera la meilleure décision prise à ce moment-là. Vous pouvez vous autoriser tous les chemins possibles.

Témoignage d'Ania

> *Enceinte, je percevais beaucoup de choses auxquelles mon conjoint ne prêtait pas attention. En promenade, mon esprit venait se fixer sur le pépiement d'un oiseau, mon regard était attiré par un papillon qui virevoltait autour de nous… ? Je découvrais aussi des nuances d'odeurs que je connaissais sûrement, mais auxquelles je n'avais jamais prêté attention. J'avais du mal à tenir une conversation en promenade : mon corps nécessitait plus d'attention (je ne voyais plus où je mettais les pieds !), mon esprit était attiré par tout un tas d'éléments extérieurs que je percevais. Mon cerveau devait alors faire un effort pour suivre une conversation et ça m'arrivait de « lâcher » pour ne pas être épuisée.*
>
> *Je me suis mise à percevoir le monde avec d'autres yeux. J'avais l'impression d'avoir mis des lunettes qui me donnaient accès à une nouvelle dimension. J'étais comme une enfant qui découvre le monde ! C'est sûrement ce qui se passe quand on dit que les femmes enceintes ont « la tête dans les nuages ».*

La grossesse et la quête de sens

De cette plus grande connexion au monde découle une inévitable quête de sens. Sentir la vie grandir en soi vous relie à la vie, à plus grand que vous. La grossesse peut être le moment de s'ouvrir à des questions existentielles, de faire confiance à la vie, d'avoir de la gratitude pour le miracle qui grandit en vous. Cette expérience vous pousse à accepter de ne pas contrôler, à accueillir totalement le fait de ne pas comprendre la vie. Elle n'est pas un concept, mais une aventure en soi.

La grossesse est comme un chemin initiatique qui vous permet de vous découvrir sous de nouveaux aspects, une expérience qui vous fait grandir pour pouvoir mieux accueillir votre enfant.

En particulier, pendant votre grossesse, vous allez faire beaucoup de choix. Un nombre incroyable... parfois même sans vous en apercevoir ! Est-ce que je prends des vitamines prénatales ou non ? Et si oui, lesquelles ? Est-ce que je suis OK pour faire cette échographie ou non ? Est-ce que je me projette dans l'allaitement ou non ? Est-ce que je prends cette poussette ou celle-là ? Qu'est-ce que je mets dans la liste de naissance ?

La plupart du temps, vous vous laisserez guider par les ordonnances de votre médecin, par les conseils de vos ami(e)s... Et si vous faisiez ces choix de manière éclairée, de manière plus alignée avec vos valeurs ?

On croit souvent que nos choix sont rationnels, mais c'est rarement le cas. Vous faites vos choix en fonction de vos expériences, de vos souvenirs, de vos perceptions. Je vous invite à ouvrir votre champ des possibles. Et pour choisir, il faut savoir : savoir quels sont les bénéfices, les risques, les alternatives. Alors informez-vous et soyez curieuse. Posez des questions aux professionnels de la périnatalité que vous rencontrerez. Plus vous vous informerez, plus vous vous sentirez en sécurité.

Vous informer va ensuite devenir une habitude ! Durant la grossesse, le cerveau se transforme : il est plus malléable et ouvert aux apprentissages. Vos nouvelles habitudes resteront !

Une des caractéristiques de cette hypersensibilité est de vous pousser à vous questionner sans cesse. C'est souvent fatigant, mais cela vous permet de clarifier, de faire un choix éclairé.

Témoignage d'Alix

> *Pour mon troisième enfant, à 40 ans, je devais faire le test de dépistage de la trisomie. Pour la première fois, la professionnelle de santé que nous avions choisie m'a demandé si nous étions OK pour cela. Nous n'avions jamais pris conscience que nous avions le choix !*
>
> *Ensuite, elle nous a demandé de réfléchir pour savoir ce que nous ferions du résultat du test, en nous rappelant qu'il s'agissait de statistiques et non d'un résultat définitif. Avec mon conjoint, nous nous sommes retrouvés face à nos responsabilités, nos propres décisions. Nous n'étions plus dans une barque menée par d'autres, elle nous avait donné le gouvernail. Elle nous poussait vers notre autonomie. Nous étions parents bien avant sa naissance.*

Et le *blessing way* ?

Le *blessing way* ou « chemin de bénédiction » est un rituel entre femmes qui vise à célébrer la future mère et à lui apporter du soutien pendant sa maternité. Au travers de différentes activités et temps d'échange, les invitées (en général uniquement des femmes, mais pas toujours) montrent à la femme enceinte tout leur attachement et leur soutien.

À la différence de la *babyshower*, fête pendant laquelle la future mère est comblée de cadeaux, le *blessing way* se veut être un rite de passage plus spirituel. Cette cérémonie a un caractère intime et sacré et les différents temps sont chargés de symboliques : confection d'un collier d'accouchement, massage, chants, danses, vœux, *body painting* (peinture sur le ventre)... Tout est là pour créer un espace dans lequel la future mère peut plonger en confiance pour s'approprier toutes ses ressources. Elle s'en servira de soutien pendant son enfantement et son post-partum. Chaque *blessing way* est à adapter selon vos besoins et vos envies. Nul besoin d'emprunter des choses codifiées trouvées sur les réseaux sociaux. Des gestes et paroles simples, une activité dont vous avez envie si besoin tout comme un entourage à l'écoute et bienveillant seront la clé d'un moment sacré et joyeux.

Témoignage de Constance

> *Pour ma seconde grossesse, j'avais envie de partager un moment entre femmes pour célébrer cette future naissance et pour me donner la force de traverser l'enfantement. J'ai demandé à ma doula de l'organiser, car je voulais avoir l'esprit libre, me laisser porter. Je ne voulais rien avoir à prévoir ni à faire. Je lui ai juste fait la liste des invitées et la liste de mes envies pour ce jour-là.*
>
> *Nous étions en petit comité, avec ma sœur, ma tante et trois amies très chères à mon cœur. Il y avait de la musique douce. Elles ont commencé par me lire de petits textes qu'elles avaient écrits et dans lesquels je ressentais tout leur amour. Je les ai gardés précieusement. Puis elles ont fait une peinture sur mon ventre. C'était un moment très doux, hors du temps. Un espace pendant lequel j'étais enveloppée par leurs mots et leurs mains. Le bébé suivait doucement le pinceau et c'était magique. Je garde un souvenir ému de ce moment et quand le jour J sera là, je retrouverai cette douceur et cette force qu'elles m'ont apportées.*
>
> *Plus tard, nos maris et enfants nous ont rejointes et nous avons passé une belle soirée tous ensemble. C'est un souvenir qui restera gravé à jamais dans ma mémoire.*

Être soutenue pendant votre grossesse

La place du partenaire

Votre partenaire fait l'objet des sentiments les plus forts, que vous soyez en haut ou dans le creux de la vague. Il peut être déstabilisé par tant de variantes émotionnelles, surtout s'il s'agit d'une première grossesse. Il a lui aussi besoin de comprendre, de mettre des mots sur ce que vous vivez, sur ce qu'il ressent et traverse.

Pendant cette période de grossesse, il est exclu de fait de cette corporalité. Il ne peut que se projeter de manière conceptuelle dans sa paternité puisque son corps ne ressent pas cette vie en développement. Il peut alors avoir du mal à trouver sa place, oscillant entre ingérence dans votre grossesse et détachement complet. Par réflexe de protection, il peut prendre du recul et ne pas s'investir comme vous le souhaiteriez.

En exposant à votre partenaire vos besoins, vous pouvez l'impliquer et lui faire une place.

Témoignage de Justine

> *Je trouvais David peu impliqué. Chaque fois que je lui posais une question sur la grossesse, l'accouchement ou après, j'avais l'impression de l'embêter. Il esquivait. Il est allé deux fois aux préparations à la naissance, mais il y avait très peu d'hommes et il ne se sentait pas à l'aise. Il a fini par me dire que tout cela était trop abstrait pour lui, qu'il n'arrivait pas à se projeter et qu'il verrait bien quand le bébé serait là. Finalement, le plus facile pour lui a été d'en discuter avec ses amis, même s'il fallait que ce soit moi qui lance le sujet de conversation !*

La place des professionnels de santé

Les professionnels de santé procèdent à ce que l'on nomme le « suivi de grossesse ». Ce terme désigne les investigations médicales plus ou moins présentes pour surveiller ce processus naturel, centrées sur la santé physique du bébé et de la mère.

L'hypersensibilité n'étant pas une maladie, peu de professionnels de santé seront à votre écoute sur ce sujet. Ils prendront soin de votre santé physique et de celle du bébé, mais pour la majorité d'entre eux, vos doutes, questionnements et états d'âme ne relèvent pas de leurs compétences.

Cela peut être frustrant pour vous : cette « morcellisation » du suivi rend une vision holistique plus compliquée. Certaines de vos questions peuvent aussi rester en suspens et générer des craintes.

Témoignage d'Anaïs

> *Pour ma première grossesse, j'ai trouvé que mon suivi était uniquement médical. Je ne pouvais pas parler de mes peurs et de mes doutes. À chaque fois, le professionnel de santé évitait la question en me disant que c'était normal de s'interroger, que cela allait passer. Entre le suivi gynécologique, les prises de sang et les échographies, je n'arrivais jamais à avoir une discussion de fond !*
>
> *Pour ma seconde grossesse, j'ai cherché un professionnel de santé qui me correspondait et j'ai fini par trouver « ma » sage-femme. Je ne la vois pas assez souvent à mon goût, mais quand je suis en rendez-vous avec elle, je suis en confiance. Je peux lui parler de tout, poser toutes mes questions et je sais qu'elle y répondra. Et elle me questionne sur mon couple, sur mon fils aîné, sur ma famille. Elle s'intéresse à moi et pas uniquement à mon ventre. Elle prend son temps et je ne suis pas un numéro. Je suis heureuse de l'avoir trouvée.*

La place des doulas

Une doula (ou accompagnante à la naissance) est une femme qui accompagne une autre femme ou un couple pendant la maternité, du désir d'enfant au post-partum. Elle leur propose d'autres manières de voir et de vivre la maternité, de choisir leur propre chemin en fonction de leurs valeurs, de leurs besoins et de leurs attentes. Elle transmet des connaissances sur la physiologie, propose des outils cognitifs et corporels. Tout au long de leur parcours, elle est à la fois soutien et ressource.

Une doula peut vous accompagner ainsi que votre partenaire pour vous permettre de voir plus clair dans la multitude d'informations que vous découvrez pendant votre grossesse. Elle vous aidera aussi à discerner vos besoins, vos envies, vos souhaits pour la grossesse, l'enfantement, le post-partum et la parentalité. Personne ressource, elle vous proposera d'autres manières de voir les choses pour que vous puissiez faire vos propres choix, ceux qui vous correspondent. Elle vous suivra dans vos décisions,

quelles qu'elles soient. Elle apporte une écoute active, un soutien émotionnel et parfois logistique tout comme des outils pour retrouver confiance en vos capacités à enfanter et à devenir parents.

La doula est en quelque sorte l'archétype de la grand-mère : elle vous soutient, vous console, vous fait rire, prend soin de vous et vous suit inconditionnellement. La sage-femme correspond plus à l'archétype de la mère qui aime, rassure, donne le cadre, est vigilante et pose des limites quand c'est nécessaire.

La doula n'est pas une professionnelle de santé et elle intervient toujours en complément d'un suivi médical.

Témoignage de Lucile

> *Dans ma famille, ma mère et ma grand-mère m'ont toujours dit avoir eu des grossesses épanouies et heureuses. Quand je suis tombée enceinte, entre la fatigue, les nausées et les doutes, je me suis sentie « anormale ». Je n'avais plus ma place dans cette famille, je n'osais rien dire de ce que je vivais. Il a fallu que j'en discute avec ma doula pour comprendre que chaque grossesse est différente, que chacune a sa manière de vivre les événements et que la mémoire est aussi assez sélective ! Cela m'a permis de relativiser et de me sentir à ma place sans pour autant vivre la même chose.*

✦ Vous soutenir vous-même : cultiver l'amour de soi ✦

Vous attendez de l'extérieur un soutien pendant cette période si particulière et cela est bien normal. Partenaire, famille, amis, professionnels… Et si votre soutien le plus important était finalement vous-même ?

Reconnaître vos qualités spécifiques et votre sensibilité plus élevée vous permettra plus de bienveillance et d'attention envers vous-même. Savoir reconnaître tout ce que vous faites (même si le résultat n'est pas celui que vous souhaitiez) mais tout ce que vous êtes et ce que vous apportez au monde, voilà une grande et belle expérience à vivre !

Traitez-vous comme vous aimeriez être traitée par les autres. N'attendez pas de l'extérieur ce que vous pouvez vous apporter.

LES BIENFAITS DE LA GRATITUDE

La gratitude est une réaction émotionnelle éprouvée quand on reçoit ou que l'on offre des bienfaits. Elle vous permet de passer du « Pour être heureuse, j'ai besoin de… » à « Je suis heureuse d'avoir… ou d'être… ».

La gratitude est tellement simple que l'on oublie souvent de la pratiquer ! Alors soyez reconnaissante envers vous-même et envers les autres pour les moindres choses, et exprimez cette reconnaissance. Prendre l'habitude de le faire quotidiennement vous permettra d'apprécier et de mieux vivre l'instant présent.

Ces exercices de gratitude permettent une meilleure santé mentale et physique ainsi qu'une meilleure résistance au stress, ce qui peut être utile pendant cette période d'hypersensibilisation que vous traversez. Ils apportent aussi de la joie de vivre dans vos relations au quotidien. Ils constitueront en outre une belle transmission à offrir à votre enfant.

L'ENFANTEMENT : L'HYPERSENSIBILITÉ
comme accès à une réalité différente

L'hypersensibilité pendant la grossesse peut faire peur. Les stimuli au quotidien peuvent être déjà difficiles à vivre alors les émotions à traverser et l'intensité de l'enfantement peuvent effrayer. En effet, l'enfantement est souvent vu comme le paroxysme de cette sensibilité. La vulnérabilité qui va vous caractériser pendant ce grand passage est loin d'être une faiblesse. Au contraire, il s'agit d'une incroyable ouverture physique, émotionnelle, psychique et spirituelle. Elle permet d'entrer dans une réalité différente et de vivre pleinement cet événement, un événement « extra-ordinaire », un chemin d'accès à une expérience transcendante.

Le sujet de la douleur est souvent central, en particulier pendant les dernières semaines de grossesse. Toutes les femmes qui ont traversé le processus de l'enfantement, particulièrement sans péridurale, racontent des moments d'une grande intensité, parfois dans la souffrance, parfois jusqu'à l'orgasme, toute la palette de sensations entre ces deux extrêmes pouvant s'expérimenter. Un enfantement n'est jamais un événement neutre et de nombreuses années plus tard, les femmes peuvent encore raconter et ressentir dans leur chair les émotions et ressentis traversés à cette occasion.

Vous ne serez jamais vraiment prête pour ce grand saut. Néanmoins, comme pendant la grossesse, vous renseigner sur les ressentis possibles et sur ce qui va se passer vous permettra de vous projeter dans cet événement hors du commun. Cette hypersensibilisation que vous découvrez et que vous vivez au quotidien depuis environ neuf mois va vous permettre d'accéder en conscience à un événement transformateur dans un autre espace-temps.

Le corps au cœur de l'accouchement

Tout porte à croire que le corps est au cœur de l'accouchement. Il y a bien sûr cette ouverture physique incroyable que vous allez vivre. Cela commence par le rétrécissement de votre col de l'utérus qui parvient à s'effacer pour laisser libre cours à sa dilatation, permettant ainsi l'ouverture nécessaire à votre bébé pour naître. Ce processus est le résultat d'une alternance de contractions et d'expansions, comme une respiration est constituée d'inspirations et d'expirations, les unes n'allant pas sans les autres.

Mais ce passage de votre bébé de son monde aquatique à notre monde aérien n'est que le tout dernier passage et avant, votre bébé devra passer trois détroits dans votre bassin. Des espaces tous trois différents par leur taille et leur forme. Peut-être percevrez-vous toutes ces étapes, certaines seulement, ou peut-être aucune. Dans tous les cas, votre corps vous dira quelle position prendre pour que votre enfant ait le plus de place possible et que le chemin soit le plus facile pour lui.

Cette danse avec votre bébé est alors l'occasion de perceptions corporelles très diverses : tensions dans le ventre, vagues de chaleur, tiraillements à l'intérieur des cuisses, tensions dans le sacrum, fourmillements...

Dans la phase de prétravail, entre chaque contraction, la vie reprend son cours. Puis les contractions deviennent plus intenses et plus rapprochées, et petit à petit, votre monde intérieur va prendre toute la place. Vos yeux se ferment, votre corps se balance et chaque vague vous propulse un peu plus vers cette autre rive pour aller chercher votre bébé. Soyez pleinement présente durant les temps de repos entre les contractions : profitez-en pour respirer profondément, bouger vos épaules, tremper vos lèvres dans un verre d'eau… Ces moments de détente sont les moments d'expansion dont nous parlions plus haut : là se trouve la dilatation.

Pour aider votre corps à s'ouvrir, la mobilité est un élément indispensable et vos ressentis seront vos guides. Vous vous rendrez rapidement compte que traverser des contractions et rester allongée pour un monitoring relève de la torture. Cette position vient comprimer les nerfs et l'immobilité, en plus de vous rendre passive, empêche la recherche de la meilleure position. Vous avez besoin de bouger votre bassin, votre sacrum, mais aussi de vous balancer, de vous suspendre. Suivez votre instinct !

Vous pouvez tester plusieurs positions pendant tout le processus : assise sur un ballon, à quatre pattes, penchée vers l'avant appuyée sur le ballon ou sur le lit, à genoux, couchée sur le côté… Chaque nouvel angle, aussi minime soit-il, permettra à votre bébé d'avancer sur son chemin. Tout est à inventer ! Laissez faire votre corps. Au début de l'accouchement, la mobilité est ample et large la majorité du temps : vous pouvez marcher, danser, monter et descendre des escaliers. Puis, au fur et à mesure que vous entrez pleinement dans l'enfantement, vos mouvements physiques vont prendre la même direction que votre mouvement intérieur : vous vous recentrez sur votre bébé, sur vos sensations, comme pour mieux les écouter, mieux comprendre leurs messages. Vos mouvements deviennent alors plus subtils, plus fins et finissent même parfois par être imperceptibles pour l'œil non aiguisé.

Témoignage de Lydie

> *J'avais l'impression que mon corps était à la fois contraint dans un étau et en pleine expansion. C'est cette dualité qui était difficile à traverser. Les suspensions m'ont beaucoup aidée : elles m'ont permis de mieux respirer pendant les contractions et d'être plus détendue… Enfin… autant que possible à ce moment-là ! Je sentais mon bébé descendre et je lui parlais pour l'accompagner. J'ai perçu quand il est arrivé sur le périnée et j'ai cru ne jamais être assez ouverte pour le laisser passer. Et puis j'ai senti sa tête. C'était doux. J'ai découvert que je pouvais vivre dans mon corps bien plus que ce que je pouvais imaginer !*

Parallèlement à cette ouverture physique qui se met en place, votre système hormonal œuvre pour soutenir l'acte réflexe qu'est l'accouchement. Toute une série d'hormones intervient alors tour à tour et interagit : elles s'alimentent les unes les autres ou au contraire s'inhibent.

L'ocytocine est l'hormone phare de l'accouchement, car elle permet les contractions. Mais elle intervient bien avant l'accouchement, dans une phase de préparation physiologique qui a lieu durant le 3e trimestre de grossesse. Aussi appelée « hormone de l'amour », elle est sécrétée quand vous vous sentez en sécurité et sereine. Plus vous serez détendue avant l'accouchement, plus vous sécréterez de l'ocytocine, plus votre utérus mettra en place de nouveaux récepteurs afin d'être inondé de cette hormone et avoir des contractions efficaces et régulières le jour de l'accouchement. Malheureusement, cette hormone est dite « timide[18] » et la moindre contrariété peut l'inhiber.

L'adrénaline est, elle, incompatible avec un accouchement facile et physiologique. Hormone du stress, elle est réactivée par la peur et vous met en état d'hypervigilance alors même que l'accouchement vous demande de lâcher prise. C'est pour cette raison que l'adrénaline et l'ocytocine sont antinomiques. Pourtant, l'adrénaline est indispensable à la fin de l'accouchement, juste avant l'expulsion de votre bébé. C'est grâce à elle que vous retrouverez l'énergie nécessaire pour mettre au monde votre enfant.

Il est en effet très probable que vous ressentiez une très grande fatigue avant l'expulsion. Elle peut être bien sûr liée aux nombres d'heures de contractions traversées, mais est aussi en lien avec votre sécrétion d'endorphines, votre système physiologique antidouleur. Les endorphines ont l'incroyable capacité de modifier légèrement votre état de conscience, comme si vous étiez dans du coton. Votre perception de la douleur, de la fatigue et de l'intensité des efforts est alors modifiée. C'est ce qui caractérise communément le « second souffle » vécu par les sportifs : après une phase très intense d'effort et alors qu'ils ont envie d'arrêter, le second souffle prend le relais. Ils retrouvent de l'énergie, de la motivation et ne perçoivent plus ni fatigue ni douleur.

Les endorphines seront une aide précieuse dans la perception de la douleur que nous aborderons p. 85 .

18. Selon les termes de Michel Odent, chirurgien, obstétricien et auteur de nombreux ouvrages sur la naissance.

LES BIENFAITS DU BALANCEMENT

Quoi de mieux pour endormir votre bébé que le doux balancement de votre corps qui marche ? Quoi de mieux qu'un bercement pour calmer le bobo de votre aîné ? Le balancement déclenche dans le cerveau une libération d'endorphines. En stimulant les sens vestibulaires (en lien avec l'oreille interne et certaines parties du cerveau), il permet d'activer ceux en lien avec la gestion de la douleur et du stress. C'est aussi le cas de certaines odeurs et de certains aliments.

Toutes ces sensations issues de votre anatomie ou de vos hormones provoquent un afflux de perceptions qui viennent « de l'intérieur », ce qui est assez indescriptible. C'est cet ensemble de sensations qui va vous faire plonger dans ce grand passage. Chaque contraction vous guide un peu plus vers votre intériorité à la rencontre de votre bébé.

Tous les mécanismes vous propulsent dans le vortex de la naissance grâce à la mise en place d'une « bulle » hors du temps linéaire dans lequel nous vivons. Cette sensation inédite peut être angoissante. L'inconnu de ce lieu et le lâcher-prise qu'il nécessite vous feront hésiter : dois-je sauter le pas ou non ?

Si vous acceptez ce processus et décidez de plonger, vous avancerez sur un chemin remuant et initiatique.

Nourrir vos sens

Pendant la grossesse, un ou plusieurs de vos sens se sont développés. Pendant l'accouchement, vos perceptions seront encore plus affûtées. Or, pour plonger dans l'inconnu de l'enfantement, vous avez besoin de vous sentir en sécurité et percevoir trop de sollicitations extérieures pourra perturber le processus.

Dans nos pays occidentaux, nous avons la chance de bénéficier de connaissances et techniques médicales de pointe qui assurent votre sécurité physique et celle de votre bébé. Je vous invite donc à « déléguer » cette partie aux professionnels de santé et à leur faire pleinement confiance.

En revanche, votre sécurité intérieure ne se résume pas à cette sécurité médicale. Il reste vos sécurités émotionnelle, affective et psychique, celles qui feront que vous êtes en confiance et que vous vous laisserez glisser dans cette aventure de l'enfantement. Cette sensation de glissement dans cette odyssée ressemble un peu à ce que vous pouvez éprouver quand vous effleurez le sommeil : un temps entre deux mondes pendant lequel vous n'êtes ni éveillée ni endormie.

Nous l'avons vu, percevoir l'extérieur de manière plus intense que d'habitude est un mécanisme physiologique qui vous permet d'assurer la survie de votre enfant. Cette hypersensibilisation peut vous faire revenir de manière brutale dans notre réalité et sortir de la physiologie ou vous perturber dans votre cheminement. Toutefois, vos sens sont aussi des atouts précieux pour glisser dans cette aventure.

Pendant votre grossesse, je vous invite à prendre conscience des stimuli extérieurs qui vous déstabilisent et de ceux qui vous font du bien. Le jour J, l'idéal est d'éliminer les premiers et de développer les seconds. À cet effet, n'hésitez pas à transformer la salle de naissance pour que vos sens se nourrissent de beau et de bon. Cette salle de naissance est à vous, vous pouvez l'arranger comme bon vous semble.

Le toucher

Certaines femmes demandent des massages pendant l'accouchement, en particulier sur le sacrum et les trapèzes. Cela peut en effet vous apaiser et vous permettre d'être moins crispée. D'autres femmes refusent. À vous de voir ce dont vous avez besoin.

Vous pouvez aussi simplement demander à votre conjoint de poser sa main sur votre sacrum. Sans massage, cela sollicite moins les sens et en même temps, ce toucher réalisé en conscience sera très sécurisant.

Témoignage de Vanille

> *J'adore me faire masser, cela me détend beaucoup, c'est un vrai plaisir. J'avais montré à mon partenaire comment masser mon sacrum, mes épaules. Pourtant, le jour J, je ne supportais aucun contact physique avec qui que ce soit. Tout était tellement intense à l'intérieur de moi ! Je pensais que le massage m'aiderait mais finalement il était un élément extérieur supplémentaire que je ne supportais pas. Mes ressentis seuls prenaient trop de place.*

L'ouïe

Afin de ne pas être dérangée par des bruits inconnus à l'hôpital (voix, claquements de porte, cliquetis d'instruments, bips du monitoring…), vous pouvez dans un premier temps écouter votre playlist. Vous pouvez la constituer de musiques à la fois rythmées (pour le début) et douces (des sons graves et répétitifs qui vous aideront à passer dans un autre état de conscience). Vous pouvez aussi supprimer certains sons extérieurs comme le monitoring. Quand le professionnel de santé n'est pas là, votre monitoring est suivi et enregistré dans une salle de garde. Il n'y a donc pas besoin de son là où vous êtes. Vous pouvez demander à baisser, voire à supprimer ce son qui peut être anxiogène. De la même manière, si votre partenaire chuchote, vous serez surprise par la baisse du volume sonore des voix du personnel qui va entrer dans la pièce. Ils s'ajusteront instinctivement sur votre volume sonore et votre cerveau rationnel sera moins sollicité. Dans la mesure du possible, focalisez-vous sur le silence entre chaque bruit et non l'inverse.

La vue

Avant d'être récepteur, le sens de la vue est émetteur : il vous revient de choisir ce sur quoi vous allez poser votre regard. Ce que vous voyez dans une salle de naissance n'est en général pas très beau. Tout y est fonctionnel et aseptisé. Or votre vision joue de manière très importante dans votre perception du monde. Pour remédier à cela, vous pouvez cacher un certain nombre d'éléments : tourner le monitoring pour ne pas être attirée par les courbes qui vont et viennent, mettre un drap sur des appareils qui ne vous concernent pas, apporter une photo que vous aimez… Voir du beau et du connu autour de vous participera à cette sécurité intérieure si précieuse.

Assez rapidement pendant le travail, vous allez fermer vos yeux. Le sens de la vue représentant la grande majorité des stimuli que vous percevez, vous allez intuitivement « débrancher » ce sens pour être plus sereine.

L'odorat

Enceinte, votre odorat est souvent très développé et les odeurs en institution hospitalière peuvent être très perturbantes. Trouvez la ou les odeurs qui vous font du bien et amenez-les avec vous : parfum sur un vêtement, spray d'eau florale… Cela vous permettra de plonger plus facilement dans votre bulle.

Le goût

C'est peut-être le sens qui sera le plus neutre pendant l'accouchement. Cependant, n'hésitez pas à vous faire plaisir. Quelques amandes, un morceau de chocolat, des produits sains et énergisants pourront vous aider dans ce marathon.

À noter que certaines maternités ne permettent pas de manger et boire pendant le travail. Pourtant, l'OMS a édité une note préconisant « la prise de liquide et de nourriture par voie orale pendant l'accouchement chez la femme à faible risque obstétrical[19] ». Parlez-en à votre premier rendez-vous avec l'équipe médicale afin de connaître la position de l'hôpital et savoir à quoi vous attendre le jour J.

Le 6e sens

Le sens du détail est un des traits caractéristiques de l'hypersensibilité et il est un atout indéniable à ce moment-là. Il vous permettra de transformer votre environnement et de faire de la salle de naissance un espace intime et sécurisant.

Comme toute fonction involontaire, l'accouchement ne fait pas appel au raisonnement, mais à l'écoute intérieure, à l'intuition. Raisonner vient perturber le processus et parasite cette intuition. C'est pour cette raison que vous pouvez par avance faire part de vos souhaits à l'équipe médicale pour le jour J. Cela évitera les discussions entre deux contractions.

Témoignage d'Audrey

> *Quand je repense à mon accouchement aujourd'hui, je me souviens d'une étrange sensation. J'étais à la fois là, incarnée dans un corps qui se métamorphosait pour laisser passer mon bébé, et pas vraiment là. Mon esprit était ailleurs, comme si une partie de moi avait quitté ce monde pour partir à la recherche de mon bébé et le ramener. J'aime penser que je suis partie d'une rive, que j'ai traversé le fleuve de l'enfantement et ramené mon fils avec moi. Cela correspond bien à ce que j'ai ressenti. La traversée n'a pas été simple, il y a eu des remous, j'ai cru me noyer, mais je suis revenue saine et sauve sur le rivage avec mon bébé. Je n'oublierai jamais ce que j'ai fait ce jour-là et toutes les ressources incroyables et insoupçonnées que j'ai découvertes en moi.*

19. *« Recommandations de l'OMS sur les soins intra-partum pour une expérience positive de l'accouchement – Transformer les soins des femmes et des nourrissons pour améliorer leur santé et leur bien-être »*, Who, *2018.*

Le projet de naissance

L'hypersensibilisation pendant la grossesse fonctionne comme un système d'alarme surdéveloppé et non rationnel, une hypervigilance mise en place par votre cerveau pour assurer la sécurité de la naissance de votre enfant et la vôtre.

Le projet de naissance est un document qui permettra à l'équipe médicale présente à votre accouchement de connaître vos envies et vos besoins pour le jour J. Il vous permettra de vous sentir plus en sécurité et de faire baisser votre seuil de vigilance puisque vos besoins y seront exprimés.

C'est en premier lieu un outil de réflexion pour vous. Il vous permettra de savoir ce que vous avez envie de vivre au-delà des protocoles. Chaque mère veut le meilleur pour son enfant, mais les chemins empruntés peuvent être très différents. Nous avons souvent tendance à croire que tout le monde souhaite la même chose, mais c'est loin d'être le cas !

C'est ensuite un outil précieux de discussion avec votre partenaire, car il permet de réfléchir à la manière dont vous voulez vivre votre accouchement. Par cette réflexion, votre partenaire pourra se positionner et vous soutenir le jour de l'enfantement.

C'est par ailleurs un outil de dialogue avec l'équipe médicale. À tête reposée, lors d'un entretien avec une sage-femme, vous pourrez exposer vos souhaits et elle pourra vous dire ce qu'il en est dans l'établissement choisi. N'hésitez pas à poser beaucoup de questions : le dialogue instauré à ce moment-là pourra vous rassurer sur de nombreux points.

Enfin, l'équipe médicale aura votre projet de naissance dans votre dossier médical le jour J et pourra découvrir en très peu de temps quel type d'accouchement vous souhaitez. Elle pourra alors vous accompagner au mieux en fonction des événements.

Comme le projet de naissance reste un projet et qu'il est rare que l'enfantement se déroule tout à fait comme imaginé, restez néanmoins ouverte à tous les chemins qui s'ouvrent à vous, le plus important étant de rester en lien avec votre bébé.

Des émotions toujours imprévisibles

Un concentré d'émotions

L'enfantement est un condensé de toutes les émotions possibles. En quelques heures, vous allez traverser à nouveau tout le tumulte de la grossesse : la joie d'enfanter, de voir bientôt votre bébé, la tristesse de perdre cette « plénitude » de la grossesse, de ne plus être « pleine », la colère contre les protocoles, la peur de mourir, de ne pas y arriver...

Vous allez entrer dans une danse incroyable avec toutes ces émotions, des allers-retours, des doutes, des avancées... Vous allez vivre un cheminement à la fois vers votre bébé et vers qui vous êtes profondément.

Comme pendant la grossesse, vouloir maîtriser vos émotions n'est ni possible ni souhaitable. Ce sont elles qui vont vous permettre de traverser l'intensité de l'accouchement et vous guideront. Il vous faudra parfois un accompagnement pour vous soutenir dans ces hautes vagues (voir développement sur l'accompagnement, p. 100) pour ne pas vous laisser submerger par l'intensité.

Précédemment, nous avons parlé du corps et en particulier des hormones (voir p. 47). Ces dernières sont intimement liées à vos émotions. Ainsi, pour que les hormones qui régissent l'accouchement soient sécrétées au bon moment et en bonne quantité, il est important que vous accédiez à votre espace intérieur dans lequel vous vous sentez en sécurité. Le cerveau rationnel (néocortex) doit alors laisser le gouvernail à votre cerveau reptilien, aussi appelé archaïque (voir p. 21).

La peur en particulier est présente en bruit de fond. Elle vient, elle repart, prend différentes formes : la peur de souffrir, de perdre votre bébé, de ne plus pouvoir le protéger aussi bien que dans le monde utérin, de ne pas y arriver, de devenir mère, des responsabilités que cela implique, d'être écartelée, de devenir folle, de mourir... Ou encore la peur que cette intensité ne s'arrête jamais et vous engloutisse. En traversant ces terres inconnues de l'enfantement, vous vous apercevez que la peur borde le chemin. Elle est là pour vous protéger, pour que vous suiviez votre route et ne soyez pas entraînée au-delà. Mais elle risque aussi de vous contraindre sur ce chemin. Elle prend des formes diverses et variées : des peurs archaïques, ancestrales, des peurs liées à vos expériences personnelles, des peurs transmises par votre lignée familiale, par la société, par ceux qui vous entourent... Ces peurs vous guideront si vous acceptez de les traverser.

La peur est aussi une étape incontournable pendant la phase de désespérance, car elle va relancer la sécrétion d'adrénaline nécessaire au regain d'énergie pour expulser votre bébé. Selon chacune, cette peur se présentera sous une forme différente, mais elle sera viscérale, archaïque.

Accepter vos émotions vous permettra de retrouver votre sentiment de sécurité, celui qui vient de l'intérieur et qui ne dépend pas de votre environnement. Vous pouvez chercher ce sentiment de sécurité ailleurs, par des outils nombreux et variés (voir p. 80). Cependant, ils ne constitueront que des portes d'accès à cet espace intérieur dans lequel vous êtes en sécurité.

L'enfantement est de nature extrême : c'est une transition psychique, une épreuve qui marque un changement profond dans votre vie. Acceptez de plonger dans vos ressources intérieures. Vous ne soupçonnez pas quelles forces vous avez en vous !

L'impuissance

Dans cette danse avec les émotions, dans ce cheminement vers votre enfant et vous-même, vos allers-retours, vos doutes, vos avancées, vous traverserez une émotion existentielle : l'impuissance. Elle est le signe que vous avez atteint vos limites et peut générer une certaine détresse : elle distille le doute sur vos capacités à traverser ce moment comme vous le souhaitez et peut générer frustrations, menaces, cris, pleurs...

Durant la phase de désespérance (voir les différentes phases de l'accouchement p. 78-79), vous ne maîtrisez plus rien. Les vagues de contractions se succèdent à un rythme effréné, elles vous semblent durer une éternité à chaque fois, vous coupant le souffle. Tous les outils que vous avez expérimentés pour traverser ces contractions ne sont qu'un lointain souvenir.

Vous vous laissez alors traverser par ces vagues d'intensité. Cette perte de contrôle et l'incertitude qui lui est liée peuvent être mal vécues. Vous allez peut être dire que vous allez mourir, que vous voulez que l'on vous sorte le bébé du ventre par n'importe quel moyen... Vous pensez avoir tout donné et pourtant vous savez très bien que vous avez encore du chemin à faire, que vous devez encore vous ouvrir alors que vous pensiez être arrivée au port.

Ce passage nécessite une foi inconditionnelle en la vie qui invite à juste accueillir ce qui vient, sans vouloir le maîtriser. Cela demande du courage, comme tout rite initiatique.

Témoignage de Chloé

Il y a eu un moment où je ne savais plus ni quoi faire ni comment faire. Comme si j'étais arrivée en haut de la montagne, après des heures d'effort, et que le voyage n'était pas encore fini J'étais fatiguée, épuisée, j'avais mal partout et mon corps était meurtri. J'avais l'impression que cela ne finirait jamais. J'étais totalement impuissante, arrivée au bout de mes capacités. Je pensais que jamais je n'arriverais à mettre au monde cet enfant.

Personne ne pouvait m'aider, il fallait que je termine ce voyage seule et je ne m'en sentais pas capable. Alors j'ai lâché. Ce fut la plus grande sensation de lâcher-prise que j'ai connue. Jamais je n'avais ressenti cela. Je m'en remettais tout entière à plus grand que moi. Et contre toute espérance, c'est à ce moment-là que j'ai eu l'impression de tout contrôler. Pas le contrôle que nous avons l'habitude de mettre en place, mais une grande connaissance de la vie. Une confiance absolue en ce qui allait se passer. Je crois que l'on peut parler d'expérience mystique.

Se laisser traverser par ses émotions avec le lâcher-prise

Le lâcher-prise est une expérience d'acceptation de ce qui est, en renonçant au contrôle et à la lutte. Bien sûr, il ne s'agit pas de tout accepter, mais de distinguer ce qui dépend de vous ou non. Côté émotions, cela revient non pas à lutter contre elles, à vouloir les gérer, mais au contraire à les « embrasser » (voir p. 48), les accueillir et en prendre soin.

Pendant l'accouchement, si vous vous fixez sur la douleur et que celle-ci devient le centre de l'expérience, alors cette douleur va grandir et prendre encore plus de place. Mais si vous dites oui à la vie, si cette douleur n'est qu'un élément d'une expérience beaucoup plus grande, alors vous pouvez trouver une posture d'écoute de votre ressenti et de votre intuition qui permet de retrouver la sérénité.

Il existe différents outils pour accéder au lâcher-prise (voir p. 80), mais celui-ci n'a lieu qu'avec le cœur. La véritable manière d'atteindre ce lâcher-prise est de rester dans l'instant présent, de vivre en conscience chaque seconde. Il n'y a alors plus de place ni pour le passé (lointain ou immédiat), ni pour l'avenir (et les anticipations qu'il implique). Chaque seconde n'existe que pour elle-même, sans enjeu. Cela demande de la pratique et la grossesse constitue un terrain d'expérimentation sans précédent. Tout ce que vous avez expérimenté comme outils et chaque situation inconfortable traversée vous ont permis d'avancer un peu plus sur cette voie de la pleine conscience.

Hypersensibilité et phases de l'accouchement[20]

En théorie, un accouchement peut se décomposer en plusieurs phases que chaque femme expérimentera… ou non ! Je vous invite à imaginer ces phases non pas comme un découpage scientifique, mais comme des vagues qui font avancer plus ou moins vite votre enfantement.

– La 1re phase dont on parle très peu se situe pendant le 3e trimestre de grossesse : c'est une « préparation » du corps et du cœur à l'accouchement. On parle souvent de nidification. Votre sensibilité semble se tourner vers l'intérieur et petit à petit vous entrez dans un autre monde. Vous donnez l'impression de « flotter », de survoler le quotidien.

– La 2e phase (1re phase réellement identifiée) se nomme phase de latence: Elle est un « entre-deux », un sas qui permet de quitter la réalité dans laquelle vous vivez et d'entrer doucement dans la réalité de l'accouchement. Les ressentis corporels changent, vous découvrez les contractions. Cette phase d'entrée dans le processus est marquée par votre état d'esprit : y allez-vous dans la joie ou avec peur ?

– La 3e phase est appelée phase active du travail. Elle est intense, exponentielle. C'est la phase la plus connue et la plus représentée dans l'imaginaire collectif. L'hyperesthésie et l'hyperémotivité sont très présentes à ce moment-là. Le moindre élément peut vous perturber ou, au contraire, vous réconforter.

20. *Pour une description simple et plus détaillée, je vous invite à lire* Heureuse d'accoucher – Tout pour traverser l'intensité des contractions, *d'Anne-Christine Barbequot (2020).*

– La 4e phase est appelée phase de désespérance (ou phase de transition). Elle porte bien son nom : pendant ce temps souvent court, vous pouvez être traversée par des peurs archaïques et viscérales. Vous pensez être allée au bout de vos ressources, mais vous savez au fond de vous que cela ne suffit pas. Vue de l'extérieur, cette phase peut être impressionnante, d'autant plus si on ne connaît pas son existence. C'est un très bon signe dans le processus.

– La 5e phase est la phase d'expulsion. Elle est, dans une très grande majorité de cas, contrôlée par les professionnels de santé (poussée dirigée), puisque sous péridurale, tout réflexe est inhibé, la zone étant endormie. L'expulsion peut aussi avoir lieu grâce au « réflexe d'éjection du fœtus », expression datant des années 1960 et remise en avant par le docteur Michel Odent. Ce réflexe était jusque-là peu connu, car il nécessite des conditions souvent peu vécues en milieu hospitalier. C'est en effet le moment où il y a le plus d'agitation en salle de naissance alors même qu'un réflexe ne peut intervenir que dans l'intimité. Lors de ce « réflexe d'éjection du fœtus », vous ressentez une intense envie d'accompagner une poussée. Vous n'avez rien à faire, juste à ne faire qu'une avec ce processus, ce qui peut se révéler délicat en fonction des peurs sous-jacentes.

– La dernière phase est la délivrance pendant laquelle le placenta est expulsé. C'est souvent une phase « survolée » par la mère qui a besoin de temps pour réintégrer physiquement et psychiquement son corps. Cette phase vient marquer la fin de l'enfantement.

Témoignage de Séverine

> *Au moment de la phase de désespérance, j'ai cru que j'allais mourir, me dissoudre dans la douleur. Comme je savais que je ne pouvais rien faire, j'ai accepté. Ce n'était pas une décision consciente, plutôt une évidence. Devant une telle intensité, je ne pouvais plus rien maîtriser. Quand mon corps, mon cœur et mon esprit ont accepté cela, j'ai vécu une sensation très étrange de plénitude et à la fois de maîtrise, comme si le lâcher-prise avait fait émerger ma puissance. Ce fut une expérience unique et incroyable.*

Les outils à disposition

L'hypersensibilité permet cette capacité de se mettre dans son monde, dans sa bulle. Grâce à elle, vous savez ce dont vous avez besoin. Et plus vous serez connectée à vos besoins, plus vous pourrez être pleinement présente à ce que vous vivez, sans chercher à contrôler.

La sophrologie

La sophrologie est une technique psychocorporelle utilisée à la fois comme pratique thérapeutique et véritable philosophie de vie. Elle donne accès à une connaissance plus fine de votre corps, permet de prendre conscience de vos tensions et procure des outils pour vous détendre. Par l'activation du corps et de l'esprit, elle développe mieux-être et sérénité. Elle se base sur différents éléments dont les trois principaux sont la respiration, la relaxation et la visualisation.

Par la respiration, vous restez ancrée dans le présent, sans peur de la prochaine contraction et sans l'émotion ressentie de la dernière. Une respiration ample et fluide permet un ancrage dans le corps, ce qui évite au mental de se dissiper dans des pensées.

Par la relaxation, vous détendez vos tensions à la fois physiques et psychiques, la détente du corps entraînant celle de l'esprit et inversement. La relaxation ne se vit pas forcément de manière passive, elle peut être aussi dynamique. Selon les phases de l'accouchement, vous pouvez utiliser soit l'une soit l'autre.

Enfin, par la visualisation, vous vous projetez dans un endroit « ressource », imaginaire ou réel, dans lequel vous êtes en sécurité. L'entraînement pendant la grossesse est important, car plus vous aurez pratiqué, plus retrouver cet endroit ressource sera simple pour vous. Lors de l'accouchement, il vous apportera le calme et la douceur dont vous aurez besoin.

Ainsi, avec ce seul outil, vous avez à disposition les éléments indispensables pour vivre en conscience votre enfantement. Une pratique assidue permet à la fois une détente du corps, un lâcher-prise et une ouverture sur des états de conscience de plus en plus profonds.

Le son et la musique

Le son peut détendre le corps et apaiser les émotions. Dans un mouvement à la fois de l'extérieur vers l'intérieur et inversement, il peut vous procurer de nombreux bienfaits.

En effet, l'émission et la réception de vibrations sonores permettent d'installer un état de bien-être. Ces sensations permettent de renforcer le travail des hormones (ocytocine et endorphines) pour entrer dans cet état d'intériorité si spécifique au moment de la naissance physiologique.

Ecouter de la musique détend. Vous pouvez prévoir une playlist avec des morceaux que vous affectionnez particulièrement et qui vous rappellent des moments agréables. La musique peut vous transporter pour peu que vous la laissiez pénétrer dans chacune de vos cellules. Au fur et à mesure, votre musique intérieure prend le relais et c'est alors vous qui créez des sons.

Pendant l'accouchement, les vibrations que vous émettez favoriseront l'ouverture du col et tiennent à distance les douleurs physiques et psychiques. En situation de stress, vos pupilles se dilatent, vos cordes vocales se tendent. Émettre des sons vous permet une meilleure détente, en particulier du larynx et du diaphragme, entraînant une meilleure respiration.

Les fréquences graves décontractent et facilitent la dilatation tandis que les aiguës donnent de l'énergie et aident lors de l'expulsion du bébé. En plus, la respiration profonde liée à ces sons oxygène vos muscles et leur donne une chance de s'étirer sans se déchirer.

Les vibrations sonores agissent donc sur vous de différentes manières, corporellement et émotionnellement. Elles ont cette capacité de vous faire entrer en vous-même.

FAITES LE TEST !

Pendant votre grossesse, vous pouvez tester l'impact des sons sur votre corps. Émettez des voyelles, graves puis aiguës. Que ressentez-vous quand vous émettez un «A» sur une tonalité grave ? Quelles sont vos sensations ? Dans quelle partie de votre corps se situent-elles ? Est-ce la même chose quand le son émis est aigu ? Est ce pareil quand vous émettez un « I » ou un «O» ?

Vous pouvez déjà percevoir que les sons ne sont pas ressentis tous de la même manière ni au même endroit. En général, les sons aigus sont plutôt ressentis dans la partie haute du corps et les sons graves dans la partie basse du bassin.

Si vous souhaitez aller plus loin dans cette démarche, vous pouvez expérimenter le chant prénatal. En plusieurs séances, vous apprendrez à découvrir le merveilleux instrument de musique qu'est votre corps, ce qui vous permettra d'améliorer votre souffle, votre posture et, de manière globale, votre bien-être.

Libérez votre imagination !

Lors d'un accouchement physiologique, la sécrétion d'endorphines va être importante. Elle va vous permettre d'entrer dans un état de conscience un peu différent. Votre néocortex va peu à peu se mettre en veille pour laisser la main à votre cerveau archaïque. Le résultat de ces deux phénomènes converge vers une désinhibition, une mise à l'écart de tous les codes sociaux. Vous allez alors pouvoir vous mettre à rugir comme une lionne, vous déshabiller totalement alors que vous êtes pudique en temps normal, mordre votre partenaire, proférer des insultes… Tout cela est extrêmement bon signe ! Cela veut dire que les mécanismes physiologiques sont à l'œuvre pour que votre enfantement suive son cours normalement.

Cette désinhibition permet de laisser libre cours à votre imagination et de trouver des solutions inattendues : des draps peuvent se transformer en liane de suspension, un oreiller peut se transformer en punching-ball, vous pouvez vous mettre à quatre pattes sur le lit ou même transformer un déambulateur en support sur lequel vous appuyer sous la douche ! Tout devient possible, car il n'y a plus de cadre social. Vous allez alors penser « hors du cadre » : cela peut être perturbant pour les personnes autour de vous, mais ce sont les meilleures solutions que vous puissiez trouver à ce moment-là.

Que faire de la douleur ?

✦ Une origine corporelle… ✦

La douleur est une expérience éminemment sensorielle. Déjà sollicitée pendant votre grossesse par des sens démultipliés, il est probable que vous doutiez à un moment ou à un autre de vos capacités à traverser l'intensité des contractions. Si vous êtes consciente de votre hypersensibilité, peut-être en douterez-vous encore davantage. Peut-être avez-vous déjà entendu dire que vous êtes « douillette » ou alors avez-vous l'impression de moins bien supporter la douleur que la moyenne. Alors, qu'en sera-t-il lors de l'accouchement ?

L'hyperesthésie, nous l'avons vu, se caractérise par une augmentation de la sensibilité d'un ou de plusieurs sens : ouïe, vue, toucher, audition et/ou odorat. Cela ne veut pas dire que l'on ressent davantage la douleur. Pourtant, dans notre inconscient, être hypersensible revient à être plus sujet à la douleur.

Confondre souffrance, douleur et intensité

La confusion intensité, douleur et souffrance est un piège qui peut vous entraîner dans une spirale d'indispositions. Dans le cadre de l'accouchement, douleur et souffrance sont deux termes distincts qui fusionnent souvent. Combien de fois avez-vous entendu « Pourquoi ne veux-tu pas de péridurale ? Tu veux souffrir ? C'est tellement plus simple… » ? Pourtant, confondre douleur et souffrance, c'est mêler corps et esprit et perdre le sens de l'événement.

La douleur est une « expérience sensorielle et émotionnelle désagréable associée à une lésion tissulaire réelle ou potentielle ou décrite en ces termes[21] ».

La douleur de l'accouchement peut être due aux contractions de l'utérus, aux articulations qui sont très sollicitées, aux différents muscles qui travaillent… Mais la douleur est en très grande partie liée à la peur d'avoir mal. Plus vous aurez peur, plus vous aurez mal.

La souffrance, elle, se situe au niveau psychique. Elle est un sentiment, conscient ou non, qui se traduit par une douleur. Elle est constituée d'éléments de pensée et de raisonnement.

---

21. Définition officielle de l'IASP (International Association for the Study of Pain).

Vous pouvez souffrir sans lésion corporelle. La perte d'un être cher entraîne de la souffrance et pourtant le corps ne présente pas de lésion.

Pendant l'enfantement, la souffrance peut apparaître quand vous êtes submergée par la douleur, quand elle prend toute la place de l'aventure, quand l'accouchement n'est plus que douleur et que rien ne vous permet de retrouver calme et sens à ce qui vous arrive. L'accompagnement dont vous bénéficiez pendant l'accouchement est donc primordial (voir p. 100) pour vous remettre en confiance, vous rappeler que vous êtes capable d'enfanter et replacer la joie au centre de l'événement.

Par ailleurs, le choix des mots est important, car ils vous invitent à voir un même événement de manière différente. L'hypersensibilité vous rend particulièrement « sensible » au vocabulaire choisi qui influence votre manière de percevoir le monde. Et si vous parliez plutôt d'intensité ? Parler d'intensité et de vagues plutôt que de douleur et de contractions permet de passer du niveau purement corporel à un niveau plus subtil et poétique.

Témoignage de Camille

> *Pour mon premier accouchement, j'avais très peur de la douleur. Je ne pensais qu'à ça. Je crois que pour moi, l'accouchement se résumait à cela. Je suis arrivée à la maternité dilatée à 3 et j'avais la sensation d'être au bout de ce que je pouvais endurer. L'équipe m'a proposé la péridurale et j'ai accepté tout de suite.*
>
> *Pour mon troisième accouchement, j'avais une vision très différente de l'enfantement et j'ai accouché à la maison. Ce fut une expérience incroyable. J'ai compris ce qu'était enfanter : cheminer avec l'intensité, traverser les étapes de l'enfantement, aider son bébé à trouver le bon chemin, sortir de la réalité quotidienne et accéder à un autre espace-temps. La douleur a été présente par moments, mais elle n'a pas pris toute la place.*
>
> *Pour arriver à modifier ma vision des choses, je me suis appuyée sur mes lectures, sur ma doula et je me suis préservée d'autres visions qui créent pour moi de l'angoisse.*

Votre système physiologique antidouleur

Certes, il peut y avoir une douleur physiologique liée aux contractions musculaires, à l'étirement des tissus ainsi qu'à la durée et l'intensité de ces phénomènes, mais vous disposez aussi d'un système antidouleur.

La réduction du contrôle du néocortex (cette partie de votre cerveau qui veut maîtriser et planifier) permet en particulier à votre système physiologique d'être pleinement actif : les hormones de l'accouchement peuvent se déployer en bonne quantité et au bon moment. Parmi elles se trouvent des endorphines (de la même famille que la morphine) qui viennent soulager la douleur ainsi que l'ocytocine qui a des effets amnésiques[22].

Sécréter un taux élevé d'hormones du stress est alors un élément à la fois perturbateur pour le bon déroulé de l'accouchement, mais aussi un élément qui augmente l'expérience de la douleur.

ET SI JE NE VEUX PAS VIVRE UN ACCOUCHEMENT PHYSIOLOGIQUE ?

Vous avez bien réfléchi, discuté, lu, regardé des reportages et compris les mécanismes physiologiques, mais pour des raisons qui vous appartiennent vous ne souhaitez pas vivre cette aventure. Chacune explore le chemin qu'elle souhaite. Il n'en reste pas moins que votre sécurité émotionnelle est aussi très importante, la péridurale n'agissant que sur l'aspect physique.

Cela veut dire que, quel que soit votre projet chapitre (à la maison, en maison de naissance, en maternité, avec ou sans péridurale, déclenché ou non, par césarienne ou non), tout ce que vous lirez dans ce chapitre reste valable. Quel que soit votre projet, il vous réserve des surprises.

22. ODENT Michel, La Naissance et l'Évolution d'Homo Sapiens, *Du Hetre Myriadis*, 2022.

Violences obstétricales, traumatismes, hypersensibilisation et accouchement

Les violences obstétricales sont « l'ensemble des gestes, propos, pratiques et comportements exercés ou omis par un(e) ou plusieurs membres du personnel soignant sur une patiente au cours du suivi gynécologique et obstétrical et qui s'inscrivent dans l'histoire de la médecine gynécologique et obstétricale, traversée par la volonté de contrôler le corps des femmes (sexualité et capacité à enfanter[23]) ». Elles sont assimilées à des violences sexuelles.

Comme toute agression, elles peuvent engendrer un effet de sidération, une paralysie qui bloque toute réaction. Il s'agit d'un stress extrême qui envahit tout le corps et déclenche des mécanismes neurobiologiques de survie et psychologiques de protection pour faire face à une situation trop difficile à vivre, comme l'amnésie ou la distanciation.

L'acte considéré comme une agression entraîne la sécrétion d'hormones spécifiques (dont l'adrénaline et le cortisol) pour que le corps se mobilise dans l'objectif de fuir. Si cela n'est pas possible (comme en salle de naissance), la production de ces hormones va saturer le corps et engendrer une « surchauffe » du cerveau qui va alors « déconnecter ». Ce court-circuit émotionnel permet la sécrétion de nouvelles hormones (en particulier de la famille de la morphine) qui viennent protéger le cœur et le cerveau en ralentissant l'activité en s'opposant aux premières hormones sécrétées. La personne est alors tétanisée, comme anesthésiée. Elle peut même vivre et voir l'événement de l'extérieur, comme un spectateur.

23. *Définition du Haut Conseil à l'Égalité des hommes et des femmes (HCE).*

Dans le cas de violences obstétricales, le phénomène est renforcé par le fait que ceux qui posent l'acte sont censés prendre soin de la femme et non l'abuser.

Il est ainsi possible que vous souffriez d'un syndrome de stress post-traumatique (SSPT). Vous pouvez revivre pendant la journée certaines scènes de votre accouchement, en rêver la nuit, être angoissée à l'idée de retourner dans le lieu où vous avez accouché, être déprimée. Il s'agit là d'une pathologie qui a des répercussions sur votre entourage et en premier lieu sur votre bébé. Si vous êtes dans ce cas, un professionnel de santé ou un thérapeute est une aide indispensable.

Contrairement à l'hypersensibilité physiologique qui ouvre de nouvelles perceptions sur le monde, cette blessure liée à cette hypersensibilité réactionnelle vient fermer cette ouverture au monde nécessaire pour prendre soin de votre bébé. Une possible déconnexion avec la réalité peut engendrer des troubles dans la relation avec votre enfant. Sans filtre, vous êtes constamment en surcharge émotionnelle et sensorielle.

A posteriori, il sera possible de percevoir ce traumatisme comme une opportunité d'aller chercher en vous les ressources pour « faire de ce choc un tremplin[24] », mais cela prend du temps et nécessite du soutien.

---

24. CYRULNIK *Boris*, Un merveilleux malheur, *Odile Jacob, 2002.*

Et la péridurale ?

Ce que l'on nomme aujourd'hui « péridurale » ou « épidurale » est une anesthésie locale composée de plusieurs éléments dont des opiacés qui ont pour objectif de faire taire la douleur en endormant les muscles. L'utérus étant un muscle, il est lui aussi touché par cette intervention et les contractions peuvent devenir plus espacées, moins efficaces, ce qui explique que la péridurale constitue une raison de l'augmentation des interventions. Une étude de 2002[25] démontre que la péridurale ne permet qu'un faible taux d'accouchement vaginal spontané. A l'inverse, elle présente un taux plus élevé d'accouchement vaginal instrumental, mais aussi plus long.

La péridurale est devenue en France un geste médical banal : plus de 80 % des femmes accouchent avec cet anesthésique. Une très grande majorité des femmes compte sur cette intervention pour vivre un accouchement plus serein. C'est oublier que la péridurale est rarement mise en début de travail pour ne pas perturber le processus et qu'il faut donc traverser cette intensité croissante sans s'y être préparée. C'est oublier également que la péridurale n'est parfois pas possible (raisons médicales, problème de personnel ou bébé qui arrive trop vite !). Dans ces cas-là aussi, mieux vaut avoir confiance dans le processus physiologique et avoir anticipé un accompagnement soutenant. C'est enfin oublier les nombreux impacts sur les processus de naissance et d'allaitement que la péridurale peut avoir. Par exemple, la péridurale interfère de manière importante dans le processus hormonal, en particulier en diminuant la sécrétion d'ocytocine, ce qui implique souvent d'injecter de l'ocytocine de synthèse pour pallier ce défaut. Si elle a les mêmes propriétés contractiles que l'ocytocine naturelle, cette ocytocine de synthèse n'a pas les mêmes compétences d'attachement au bébé. Elle n'est pas « l'hormone de l'amour ».

La péridurale fait partie des outils mis à disposition par l'institution hospitalière, mais il en existe beaucoup d'autres à tester auparavant. C'est un excellent outil si vous perdez pied. Il vous permettra de vous détendre, de dormir et sera aussi l'occasion de réfléchir sur le chemin parcouru.

Mais en endormant la douleur et les messages qui vont avec, la péridurale vous « prive » d'un certain nombre de ressentis, et le plus difficile sera finalement de rester dans l'instant présent, connectée à votre bébé.

25. Liebermann E., O'Donoghue C., *Effets non intentionnels de l'analgésie péridurale pendant le travail : une revue systématique*, 2002.

Témoignage de Cécile

> *Mon accouchement a duré plus de 24 heures. J'étais épuisée. J'avais beaucoup de contractions et pas de dilatation. Au bout de 15 heures, j'ai accepté la péridurale que l'on me proposait. J'ai pu lâcher, me reposer, reprendre des forces. J'avais tout essayé avant : les sons, la respiration, les positions, l'acupression... Je n'ai pas de regret de l'avoir reçue. Ce n'était pas mon projet, mais je suis allée au bout de ce que je pouvais donner.*

Hypersensibilité et réaction aux médicaments

En médecine, l'hypersensibilité est une réaction anormale à une substance déterminée. Pendant l'enfantement, vous êtes au paroxysme de cette hypersensibilisation : tous vos sens sont en éveil pour mettre au monde votre enfant en sécurité. Il est possible que vous réagissiez de manière différente aux médicaments à ce moment-là. Il est aussi possible que vous ayez déjà remarqué que certains médicaments n'ont pas l'effet escompté, souvent avec un impact plus fort que prévu. Votre sensibilité aux médicaments est accrue par votre hypersensibilisation, peut-être notamment par votre hyperémotivité.

... ou une origine émotionnelle ?

La peur d'avoir mal

La perception de la douleur est très subjective. Elle dépend de la culture dans laquelle vous vivez (certaines cultures valorisent ou, au contraire, ne supportent pas la douleur). Vous vous forgez une vision de la douleur et de son seuil d'acceptation au travers de votre éducation, des médias et de leur manière d'aborder le sujet, de ce que vous savez sur votre propre naissance ou sur celles de votre famille... Chaque lignée de femmes a ses propres croyances sur la naissance : pour certaines, ce sera facile et rapide, pour d'autres, dangereux ; pour d'autres encore, très long...

Vous pouvez aussi avoir peur de la douleur en raison du vécu des personnes autour de vous et je vous invite à vous protéger des récits que vous ne souhaitez pas entendre. Ce peut aussi être les expériences de vos accouchements précédents qui ravivent une émotion difficile et vous font peur.

Au début du xxe siècle, le docteur Dick-Read[26] développa une théorie selon laquelle la douleur à l'accouchement serait principalement basée sur la peur. Dans la même lignée, la psychoprophylaxie du docteur Lamaze, dans les années 1950, base sa préparation de l'accouchement sur une connaissance de ce qui va se passer pour une meilleure préparation psychologique.

En connaissant les processus de l'enfantement et grâce à un soutien émotionnel sans faille, la peur diminue et la douleur n'est plus ressentie comme une ennemie.

Témoignage de Flore

> *Pour mon premier, j'étais terrorisée par la douleur de l'accouchement. Je comptais sur la péridurale. Quand je suis arrivée à la maternité, la péridurale n'était pas possible tout de suite. Les contractions n'étaient pas assez régulières et efficaces. Ça a été horrible. J'avais tellement peur de revivre chaque contraction que mon corps tout entier était contracté. Quand ils m'ont enfin mis la péri, j'étais aux anges. Mais au final, après la naissance, j'avais comme un goût d'amertume de ne pas avoir su profiter de ce moment unique, comme si ma fille était sortie de moi sans que je m'en rende compte.*
>
> *Pour mon second accouchement, j'ai beaucoup lu et je me suis beaucoup renseignée. Ma doula m'a proposé d'expérimenter les sons, la sophrologie Et pour la naissance de notre fille cadette, j'avais compris que plus je lutterai, plus j'aurai mal. Ce fut un très bel accouchement. Je ne peux pas dire que je n'ai pas eu mal, mais je n'ai pas été submergée par la douleur comme pour ma première fille. Même si c'était intense, presque violent, je garde un bien meilleur souvenir de cet accouchement que du premier.*

La déchirure : la peur de cette nouvelle vie

La déchirure physique de votre périnée intervient parfois d'elle-même pour laisser passer le bébé. Parfois, elle est provoquée par le personnel médical (épisiotomie). Cette cicatrice marque le passage de votre enfant.

---

26. Dick-read G., Gaskin I. M., *Childbirth without fear : the principles and practice of natural childbirth*, *Pinter&Martin Ltd., 1959 (2013).*

Au-delà de cet aspect physique, l'accouchement ne serait-il pas une déchirure ? Une séparation avec son enfant pour passer de l'intra-utérin à l'extra-utérin ? Une déchirure psychique ? La perte de l'enfant à l'intérieur de soi, la perte de la plénitude ? Pourrait-on interpréter autrement l'anathème biblique « Tu accoucheras dans la douleur » et y lire non pas l'expression d'une douleur physique, mais plutôt l'épreuve de la séparation, celle de la naissance n'étant que la première d'une longue série ?

L'accouchement permet la désunion avec ce monde intérieur. D'ailleurs, certaines d'entre vous n'aiment pas les « au revoir » tandis que d'autres préfèrent les prolonger. Le temps nécessaire à la naissance pourrait-il découler de cette posture ?

Le regard de la société sur l'épisiotomie

L'épisiotomie est une incision pratiquée par un professionnel de santé au niveau du périnée. Son objectif est d'agrandir le passage pour faciliter l'arrivée du bébé.

Cet acte était considéré comme normal, voire salutaire pour la santé physique de la mère et du bébé. En 2016, il était pratiqué dans 35 % des accouchements de primipares[27]. En 2020, les taux varient selon les maternités entre 24,6 % et moins de 1 %[28].

La régression de ce taux montre la prise de conscience de notre société sur cet acte qui n'est pas anodin. Pour certaines femmes, il aura peu d'impact ; pour d'autres, il sera un vrai traumatisme. Entre ces deux cas, il existe toute une palette de ressentis qui ont un effet sur les parties intimes corporelles, mais aussi sur l'identité féminine et sur la future intimité du couple.

---

27. Une primipare est une femme qui va accoucher pour la première fois. Données issues du site episio.info, consulté le 20.07.2022.

28. Vous pouvez retrouver tous les taux d'épisiotomies réalisées en 2020 par maternité sur le site https://www.journaldesfemmes.fr/maman/maternite/classement/maternites/accouchements_episiotomie

Témoignage de Judith

> *J'ai adoré être enceinte. J'aimais ce sentiment de plénitude. J'avais l'impression que rien ne pouvait arriver à mon bébé. Je voulais tout maîtriser. Lui donner la vie, c'était l'exposer au danger, aux virus, aux blessures, à la mort. L'accouchement a été très long. C'était difficile, je n'étais pas en joie de le mettre au monde. La sage-femme est venue s'asseoir à côté de moi et elle m'a pris les mains. Elle m'a juste dit « Je comprends ». Je ne sais pas si elle avait vraiment compris, mais moi j'ai fondu en larmes. J'ai dit que je ne voulais pas accoucher. Mon mari m'a prise dans ses bras. Il chuchotait juste « Tout va bien, je suis là » en me caressant les cheveux. Je crois que j'avais besoin d'être maternée avant de materner à mon tour. Quand les sanglots se sont apaisés, les contractions sont reparties. Mon état d'esprit avait changé : j'étais prête et le bébé est arrivé rapidement après. Je ne sais pas vraiment ce qu'il s'est passé, mais c'est comme cela que je l'ai vécu.*

La contagion émotionnelle

L'hypersensibilisation au moment de l'accouchement exacerbe votre capacité à synchroniser votre humeur sur celle des autres. Vous êtes capable de percevoir des informations subtiles que votre entourage ne percevra pas. Ainsi, l'équipe médicale ne se rendra peut-être pas compte que ce robinet qui goutte vous exaspère profondément ou que l'odeur du café qui vient d'être déposé dans un coin vous indispose.

Votre première impression en particulier est très importante : tout se joue souvent sur les premières secondes. Vous êtes en joie de donner la vie et vous arrivez à la maternité : l'accueil est froid, l'équipe est tendue. Vous perdez votre sourire, vous ressentez ces tensions et vous les faites vôtres, car il n'y a plus de distance entre vous et votre environnement. J'aime dire qu'une femme qui accouche entend ce que son entourage pense.

Vos capteurs sont ouverts à 360 degrés et la moindre émotion, la moindre pensée, vous pénètrent profondément.

C'est ce que l'on pourrait appeler la « contagion de l'adrénaline ». Le système hormonal est capable de transmission de manière subtile. Il n'est en effet pas nécessaire qu'un événement stressant survienne réellement pour que le corps produise des hormones de stress. La seule interprétation des événements peut déclencher sa production : l'obstétricien qui entre et ne dit pas bonjour, cette femme qui arrive dans votre salle de naissance et ne se présente pas, ce claquement de porte et ce cri au loin… Comme vous pouvez percevoir de façon affûtée votre environnement, l'attitude, les ressentis et les croyances de ceux qui sont avec vous ont une influence importante sur le déroulé de l'accouchement.

Témoignage de Lilou

> *Quand je suis arrivée à la maternité, mon mari et moi étions très stressés. C'était notre premier bébé et je ne savais vraiment pas à quoi m'attendre. La sage-femme qui nous a pris en charge parlait doucement, avait des gestes doux. Elle a baissé la lumière et m'a dit que j'allais y arriver. Sa sérénité m'a permis de retrouver mon calme. Elle était si sûre d'elle et de moi ! Si elle le pensait, c'est que je pouvais le faire !*

Les facteurs qui augmentent ou limitent la perception de la douleur

Tout ce qui va venir activer votre néocortex va perturber le processus physiologique et donc la sécrétion hormonale : la peur, la fatigue, le stress, la faim, le froid, la solitude, l'ignorance de ce qui se passe, le manque d'intimité… En perturbant le processus, ces éléments distillent le doute en vous, qui engendre lui-même la crainte, puis la douleur.

Heureusement, certains facteurs peuvent abaisser la perception de la douleur : la relaxation, la connaissance des étapes de l'accouchement, s'entourer de personnes de confiance, le repos, la nourriture, un environnement confortable… Tout ce qui comble vos besoins physiologiques et émotionnels permet d'atténuer la perception de la douleur.

Les fonctions de la douleur

La douleur comme guide

De manière générale, la douleur est un signal de défense qui vous informe sur un dysfonctionnement ou sur le fait que votre intégrité physique est en danger. Elle est là pour vous mettre en action et il est instinctif de vouloir supprimer la douleur.

Pourtant, dans le cas de l'accouchement, la douleur ne vient pas alerter sur un dysfonctionnement. Il est rare que des problèmes soient décelés via la douleur lors de l'accouchement. Au contraire, elle est une guide qui vient vous indiquer où sont vos tensions, vos résistances. Elle vous invite à changer de position, à replonger dans votre intériorité pour traverser la vague, à rester centrée sur l'enfantement et à toucher le sacré de cet instant.

Se laisser guider par elle revient aussi à accepter qu'il faut vous laisser traverser par une compression, une contraction pour que la dilatation puisse se produire.

La douleur au service de l'attachement

Tout le processus physiologique lié à l'enfantement est tourné vers l'attachement au bébé. Sans cela, le bébé humain ne pourrait survivre, car trop immature à la naissance. Les sécrétions d'ocytocine, d'endorphines, d'adrénaline, la prolactine... contribuent à « tomber en amour avec votre bébé ». La douleur est un phénomène parmi d'autres pendant cet enfantement et elle a aussi vocation à renforcer ces sécrétions pour que physiquement le lien mère-bébé puisse s'établir rapidement émotionnellement et psychiquement.

La douleur comme initiation

Vous avez compris que pour traverser cette douleur, si douleur il y a, votre hypersensibilité vous poussera à lui trouver du sens : à quoi tout cela sert-il ?

Chaque contraction vous rapproche de votre bébé : en permettant au col de s'ouvrir et au bébé de descendre et de trouver son chemin, les contractions assurent leur rôle essentiel sur le corps physique.

En même temps que s'ouvre votre corps, chaque contraction peut être une expérience d'expansion de conscience. Le rythme et l'intensité de ces vagues qui vous traversent vous permettent de passer de l'ordinaire à « l'extra-ordinaire » dans des mouvements d'énergie puissants.

Tel un rite de passage, la traversée de l'enfantement est un voyage inconfortable, difficile, voire dangereux, menant parfois aux rives de la mort, imaginée ou réelle. Par ce passage, vous accédez à un nouveau statut social, celui de mère. Cette initiation change alors à jamais votre regard sur la vie. L'hypersensibilisation de la maternité dans sa globalité et de l'enfantement en particulier vous permettent cette ouverture sur un monde plus grand.

En temps normal, votre cerveau restreint vos perceptions, vous limite. Il les filtre pour que vous ne soyez pas submergée par ces dernières. Pendant la grossesse, ce filtre s'est atténué, laissant passer des perceptions de plus en plus fines. Pendant l'enfantement, si vous faites le grand saut, il n'y a plus de filtre : la mise en veille de votre cerveau rationnel vous permet d'accéder à d'autres états de conscience. L'intensité des perceptions, à la fois extérieures et intérieures, est alors à son comble.

Accepter de faire l'expérience de la douleur si elle se présente à vous ouvre les portes de l'initiation. Mais accepter ce qui s'offre n'est pas simple : quand ce qui se passe nous dérange, nous heurte, comment ne pas essayer de lutter ? Il ne s'agit pas de résignation, car en devenant actrice de ce qui se passe, vous touchez à une forme de lâcher-prise.

Témoignage d'Esther

> *J'appartiens à une lignée de femmes pour qui accoucher est synonyme de danger et de douleur. Ma mère a eu des accouchements très difficiles, longs et douloureux. Ma grand-mère aussi. Cette dernière a également accouché d'un enfant mort-né à une époque à laquelle on ne laissait pas de place au deuil : l'enfant a été jeté sans qu'elle ait pu le voir. Elle n'a pas pu en parler après. Ce traumatisme s'est « engrammé » dans ses cellules à tout jamais. Le message transmis à sa descendance est que l'accouchement est synonyme de mort.*
>
> *Il m'a fallu faire tout un travail pour modifier mes croyances. Je me suis tout d'abord beaucoup renseignée et j'ai compris que la culture joue beaucoup dans la manière de voir l'accouchement, que d'autres femmes n'avaient pas du tout cette vision, que la mienne n'était pas universelle ! J'ai lu, regardé des vidéos, beaucoup discuté avec ma doula et j'ai été rassurée. Puis il a fallu passer par mon corps, me le réapproprier, retrouver confiance en lui et en mes capacités à enfanter. J'ai été aidée par la sophrologie et le yoga. D'ailleurs, toujours aujourd'hui, 18 mois après la naissance de Zoé, je continue de pratiquer.*

L'enfantement : une expérience de la transcendance ?

Au-delà de la connaissance que vous aurez acquise, l'enfantement vous permet l'accès à un monde où l'on « sent ». Enfanter n'est pas mettre en place un protocole, un processus à suivre. Vous avez sûrement beaucoup lu, appris, nourri votre cerveau rationnel pour comprendre les mécanismes et savoir quoi faire au bon moment. Il est temps de sortir du mental et de plonger dans l'expérience.

Pendant l'accouchement, la danse des hormones va vous emmener dans un monde dans lequel ces connaissances ne servent à rien. Seuls comptent vos ressentis. Votre intuition va prendre le relais et vous guider vers votre enfant pendant tout ce cheminement de mise au monde.

L'accouchement se passe à la fois dans votre corps (cerveau et bassin), puis dans le cœur, le monde des émotions. Voyons maintenant ce qu'il se passe aussi et surtout dans l'esprit. En vous dépassant, en vivant un événement au-delà du perceptible et de l'entendement, le vécu de votre accouchement peut être transcendant. En laissant de côté vos connaissances pour vous ouvrir à une autre compréhension de cet événement et, de manière plus globale du monde, il peut aussi être une expérience mystique.

L'accès à de nouvelles perceptions de la réalité

Nous avons vu que les hormones sont au cœur du processus de l'enfantement. Les endorphines en particulier ont cette capacité à « endormir » votre esprit rationnel pour vous faire basculer dans un autre état de conscience. En effet, les raisonnements induits par votre néocortex viennent parasiter vos perceptions intuitives. Raisonner est à l'opposé de l'intuition. Tout est alors mis en œuvre physiologiquement pour que vous puissiez toucher du doigt une intuition jamais égalée. Vous ressentez bien au-delà de vos perceptions habituelles.

Cette intuition, à la limite avec votre instinct animal, est là pour vous permettre une vigilance quant à votre sécurité et à celle de votre bébé. Je vous invite à l'écouter pour vivre ces heures intenses. Elle vous permet en particulier d'adoucir cette intensité, de trouver, quel outil utiliser et à quel moment (voir p. 80). Elle vous guide pour aller à la rencontre de votre enfant.

De manière plus scientifique, ce phénomène se traduit par une transformation des ondes cérébrales. Mais si l'accès à cette intuition est possible grâce aux mécanismes physiologiques, cela ne suffit pas. L'intuition nécessite une totale disponibilité et confiance en la vie, un lâcher-prise qui consiste à se détacher du désir de maîtrise. Plus facile à écrire qu'à faire ! Vous avez envie de vivre votre projet de naissance, vous l'avez pensé, réfléchi, élaboré, vous vous êtes projetée mille fois dans cet accouchement. Et pourtant, sans ce lâcher-prise, impossible de passer toutes les portes de l'enfantement. La grossesse vous a permis d'expérimenter une certaine forme de détachement, parfois, souvent, un peu ou beaucoup. Ces neuf mois sont aussi là pour cela. Car il ne s'agit pas de technique, d'outil ou d'une manière de faire, mais d'une manière d'être, de vivre et d'aborder les situations. Lâcher prise n'est pas se résigner, mais accepter ce que l'on ne peut changer et se mettre en mouvement pour agir sur le reste.

Témoignage d'Imani

J'ai cru que je n'allais pas y arriver, que j'allais mourir. Tout était tellement intense ! Et cette intensité venait de l'intérieur ! Le monde extérieur n'existait plus : je ne savais pas où j'étais ni quel jour ou quelle heure il était. Cela n'avait aucune importance. Il n'y avait plus d'espace-temps. Tout était à l'intérieur de moi, je portais le monde.

Et puis je me suis vue. Je flottais au-dessus de moi. J'étais à genoux, mes bras accrochés au cou de mon conjoint, la sage-femme à mes côtés. Je ressentais une profonde impression de calme, de sérénité, d'absolu. Je voyais que pour moi c'était intense, mais vu d'en haut, c'était magnifique. Mon cœur était rempli d'amour et je savais que tout était parfait.

Depuis, j'ai ressenti une seule fois cette incroyable sensation d'amour absolu, en méditation guidée. C'est une sensation extraordinaire de toucher du doigt une autre réalité et elle reste au fond de moi comme un précieux trésor.

L'hypersensibilité comme quête de sens

Une des caractéristiques de l'hypersensibilité est cette conscience au-delà de la norme, une perception affûtée qui permet une « ultraconscience », en lien avec la quête de sens que suit la grande majorité des hypersensibles.

L'accouchement est l'initiation la plus profonde à la spiritualité qu'une femme peut vivre : en passant par des extrêmes corporels, en puisant dans vos ressources physiques et psychiques les plus profondes, vous pouvez aussi plonger dans ce qui relève de l'esprit et de l'immatériel. En donnant naissance, vous imitez la Création et touchez du doigt le mystère de la vie. Votre hypersensibilité peut alors vous donner accès à un espace intime et personnel, un espace-temps spirituel.

L'accouchement invite à osciller entre le monde physique, dans votre corporalité qui se rappelle à vous intensément, et un monde spirituel, connecté à plus grand que vous, quelles que soient vos croyances. Cette danse offre l'opportunité de lever le voile sur l'accouchement tel qu'on le voit de l'extérieur et de découvrir derrière le sens de tout ce chemin : la naissance de votre enfant et la vôtre.

Ondes cérébrales et accouchement

Le neuropsychiatre Hans Berger a découvert dans les années 1920 l'existence des ondes cérébrales puis a fait le lien entre ces ondes et les différents états de conscience. Il répertorie cinq niveaux d'ondes :

- les ondes bêta, associées aux états d'alerte, à la stimulation sensorielle et aux activités mentales. Ce sont les ondes des activités courantes ;

- les ondes gamma, associées à l'intuition, la créativité et, par extension, à l'apprentissage. Elles se manifestent lors d'une concentration extrême et d'une grande tranquillité. Elles sont peu faciles d'accès et plutôt rares ;

- les ondes alpha se manifestent quand l'attention est plutôt tournée vers l'intérieur et que l'on se trouve en situation d'introspection ;

- les ondes thêta sont souvent associées à la somnolence, accompagnées de rêves dans un état de méditation ou dans certaines phases du sommeil ;

- les ondes delta correspondent au sommeil profond.

Vous avez la capacité de modifier vos ondes cérébrales et lors de l'accouchement, les ondes bêta sont à éviter, car elles mobilisent le néocortex et vont amener réflexion, anticipation et gestion du processus.

Témoignage d'Emmy

Il m'arrive de réécouter notre récit d'accouchement qu'Anne-Christine avait enregistré. Quand je doute de ma parentalité, quand la vie est trop turbulente pour moi, il me permet de retrouver de la force. J'ai enfanté ! Et si j'ai pu vivre cela en allant puiser au fond de moi toutes mes ressources, alors je peux le faire encore et encore.

VOTRE RÉCIT D'ACCOUCHEMENT

Je vous invite à poser rapidement par écrit votre récit d'accouchement. Si vous n'en avez pas le temps ou l'envie, enregistrez-vous. Laissez une trace matérielle de ce qui vient de se passer : à partir de quand pensez-vous être entrée dans l'enfantement, quels ont été vos ressentis ? Quelles ont été vos pensées ? Vos émotions ?

N'hésitez pas à raconter encore et encore votre histoire, à condition que vous disposiez d' une oreille silencieuse et pleinement présente pour l'accueillir. Cela permet d'assimiler l'événement sous tous ses aspects.

À chaque naissance, j'invite le couple à raconter son histoire. Chacun leur tour, ils décrivent leur vécu sans interrompre l'autre. Ils se rendent alors compte de réalités et de souvenirs différents, de vécus singuliers. Ils peuvent réécouter ce récit quelques mois ou quelques années après pour s'ancrer dans cette puissance alors ressentie.

Enfanter dans le plaisir

Avez-vous remarqué que les mêmes mécanismes physiques se retrouvent pendant l'orgasme et pendant l'accouchement ? Sécrétion d'ocytocine, contraction utérine, néocortex au repos... Dans les deux cas, le recours à vos structures cérébrales les plus anciennes vous transporte dans une autre réalité qui transcende le temps et l'espace.

L'expérience orgasmique pendant l'accouchement a longtemps été méconnue, car il est facile d'arrêter brutalement ce processus : quelqu'un qui entre dans la pièce, un bruit qui fait sursauter, le froid... Or, pendant l'accouchement, cette porte ultime est atteinte non pas au moment où naît le bébé (même si vous êtes quasiment au sommet), mais quand vous rencontrez votre bébé et que vous semblez être sur une autre planète. C'est encore aujourd'hui le moment pendant lequel il y a le plus de monde autour de vous et beaucoup d'agitation, inhibant ce phénomène qui nécessite intimité, calme, chaleur et sécurité émotionnelle.

Pourtant, cette expérience spontanée est possible. Ce cadeau insoupçonné de l'enfantement entraîne une profonde transformation intérieure : c'est un bonheur auquel vous vous abandonnez et qui donne un avant-goût d'éternité. Votre grande ouverture physique vient résonner avec tous les versants de votre être. Cette brèche ouverte vous permet l'accès à l'envers du décor, à la « vastitude » qui permet d'entrer en contact avec le monde de votre bébé et avec son essence même : c'est une communion parfaite entre lui et vous.

Témoignage de Sarah

> *L'accouchement a été assez rapide et très intense. Pendant la phase de désespérance, je pensais que j'allais mourir puis tout à coup, le temps s'est arrêté. Je me suis sentie traversée par une grande force vitale qui venait expulser mon bébé. C'était doux et puissant à la fois, je voyais la scène de l'extérieur et en même temps j'avais les sensations dans mon corps. Je ne sais pas combien de temps cela a duré, mais quand la tête de mon bébé est sortie, j'ai eu du plaisir. J'étais aussi soulagée, comme le calme après la tempête. Ce fut une expérience quasi mystique : j'étais connectée à plus grand que moi et quand j'ai plongé mon regard dans les yeux de mon bébé, j'y ai vu tout l'univers.*

Quelle place pour l'accompagnant ?

L'accompagnement pendant la grossesse et l'accouchement est souvent morcelé : médical d'un côté (gynécologue, sage-femme, infirmière, échographe...) et émotionnel, nutritionnel, corporel de l'autre. Chacun de ces accompagnants prend soin d'une partie de vous, mais peu prennent le temps d'adopter une approche holistique.

Pour l'accouchement en particulier, ceux qui vous accompagnent pendant ce processus doivent être choisis avec soin, car leur simple présence, leurs mots, leurs gestes peuvent avoir un impact considérable dans la manière dont il va se dérouler. A la maternité, vous ne connaîtrez pas à l'avance la sage-femme qui vous accompagnera. Aussi, la présence d'une ou plusieurs personnes de confiance est précieuse : votre partenaire, s'il connaît les phases de l'accouchement et comment soutenir le processus, saura vous réconforter et prendra toute sa place à la fois d'homme et de père ; votre doula, par sa présence bienveillante et sa confiance en vos capacités à donner la vie, saura trouver les mots et les gestes qui vous permettront de vous laisser aller et de vivre l'intensité.

L'accompagnement médical

Pendant la grossesse, vous avez décidé de ce qui sera pour vous le meilleur endroit pour donner la vie. En fonction de vos besoins, de vos envies, de vos peurs et de vos contraintes, vous avez choisi votre lieu d'accouchement. Aujourd'hui, dans les pays occidentaux et en particulier en France, la première option (choisie majoritairement) est d'accoucher en maternité. Privée ou publique, de niveau 1, 2 ou 3, il n'y a aucune obligation d'aller dans la plus proche de chez vous ! La proximité est souvent un critère mis en avant par les couples, mais il ne doit pas faire oublier d'autres critères comme les labellisations du type « Amis des bébés » ou les taux de césarienne ou d'épisiotomie pratiquées. Vous pouvez aussi choisir d'accoucher en plateau technique. Une salle à la maternité vous sera dédiée, dans laquelle la sage-femme qui a assuré votre suivi de grossesse pourra vous accompagner. En plus du côté rassurant de connaître la personne qui va vous accompagner dans ce moment d'intimité, la proximité avec les techniques médicales pourra sécuriser certaines d'entre vous. . Il existe aussi des « maisons de naissance » dans lesquelles vous pouvez donner la vie dans un cadre intimiste avec du personnel que vous connaissez. Vous pouvez enfin faire le choix d'accoucher chez vous, entourée de votre sage-femme qui se déplacera et des personnes que vous souhaitez : votre partenaire, votre doula, vos enfants, votre chat… Vous êtes assurée de ne pas être dérangée et pourrez vivre cet événement dans la plus stricte intimité.

Du choix du lieu dépendra l'accompagnement dont vous allez bénéficier. Vous souvenez-vous de la notion de « contagion émotionnelle » vue précédemment (voir p. 92) ? Charlotte Wils, elle, parle de « contagion sensible », d'une « coloration mutuelle de la relation affective ». Elle est immédiate et imprévisible. C'est ce que vous ressentez quand vous entrez en contact avec quelqu'un et que vous vous dites « Je le sens » ou, parfois, « Je ne le sens pas ». Ce ressenti très prégnant vient colorer la relation qui va se mettre en place.

Cette notion est très importante le jour de l'accouchement. Si vous avez fait le choix de vivre cette expérience en institution hospitalière, allez-y avec joie. La vibration que vous émettez en arrivant peut influencer le personnel soignant. Si vous êtes souriante (et je vous invite à l'être, voir l'encadré p. 104), le personnel recevra, au-delà du langage et de la conscience, une vibration sereine qui l'embarquera avec vous dans cette aventure. Vous allez accueillir votre enfant dans quelques heures. Il a été conçu dans l'amour et la joie, sa naissance devrait être empreinte de la même énergie. En venant à la maternité avec un esprit ouvert et aimant, vous diffuserez autour de vous ce que vous souhaitez vivre.

A contrario, la contagion négative est rapide et importante. Certains gestes, attitudes, mimiques du visage ou explications peuvent instaurer une atmosphère pesante.

N'oubliez pas que ces professionnels sont actuellement sous pression dans ces structures : pression de temps, pression financière, pression de manque de personnel.

Ils peuvent aussi être à cran. Soutenir une femme qui vient par choix et non avec peur sera un atout puissant pour instaurer votre bulle de confiance.

Comme vous ne pouvez pas agir sur les pensées et positionnements de ceux qui vous entourent, je vous invite par ailleurs à vous protéger au maximum et à rester dans votre bulle. Évitez tout contact verbal direct avec le personnel : c'est la personne qui vous accompagne (partenaire, doula, mère, sœur, amie...) qui vous fera passer les messages si nécessaire.

LE POUVOIR DU SOURIRE

Le sourire est l'expression physique d'un plaisir intérieur. Vous êtes heureuse, vous souriez.

En octobre 2022, une étude américaine publiée sous la direction de Nicholas A. Coles[29] met en avant le fait que mobiliser certains de vos muscles envoie un message positif ou négatif à votre cerveau et votre corps répond positivement ou négativement en retour.

Cela veut donc dire que même si votre sourire n'est pas authentique, même s'il est forcé, il va avoir un impact sur votre manière de vivre les choses. Sourire pendant votre accouchement pourrait donc rendre votre accouchement plus facile à vivre !

En outre, le sourire est contagieux. Si vous souhaitez un personnel médical chaleureux et souriant, commencez par lui envoyer cette belle vibration. Vous pouvez vous entraîner chez vous en serrant un crayon placé horizontalement entre vos dents. Les commissures de vos lèvres vont alors s'écarter comme pour sourire. Les muscles sollicités sont les mêmes que ceux utilisés pendant un sourire.

---

29. *« A multi-lab test of the facial feedback hypothesis by the Many Smiles Collaboration » - 20 oct, 2022.*

Témoignage d'Aya

Lors de mon dernier accouchement, l'équipe médicale était très accueillante. Les sages-femmes étaient peu présentes, mais adorables. Mon accouchement a été très long et lorsque l'équipe a changé, j'ai senti une ambiance différente. La nouvelle équipe courait partout. Je crois que beaucoup de femmes accouchaient en même temps et on sentait beaucoup de stress. Même si elles étaient souriantes, les sages-femmes étaient pressées, ne prenaient pas le temps alors que j'avais besoin d'être rassurée. Plus je sentais ces tensions et plus je me fermais, je ne voulais pas accoucher dans cette atmosphère. Il n'est pas normal que les sages-femmes ne puissent pas rester avec une femme qui accouche, juste pour la réconforter. J'aurais eu besoin d'une autre présence que celle de mon conjoint, une présence féminine qui puisse me soutenir et me dire que tout allait bien, que j'allais y arriver.

L'accompagnement émotionnel et affectif

Dans ce moment si intense de l'accouchement, le besoin de vous sentir aimée, soutenue et entourée est souvent présent. Mais dans le même temps, vous souhaitez être seule pour trouver vos propres ressources afin de traverser cette intensité.

L'accompagnement émotionnel et affectif relève alors d'un art : celui d'être pleinement présent, celui d'être et non de faire. Cela demande une immense disponibilité, aussi bien temporelle que psychique, une ouverture à l'autre inconditionnelle. Pas question à ce moment-là de penser à un autre accompagnement ou au rhume du petit dernier. Il faut être là à 100 %.

Bien sûr, la personne qui est à vos côtés peut vous proposer massages, respirations, sons, fleurs de Bach, homéopathie… Mais votre plus grand soutien sera sans doute un regard de confiance ou une main à serrer. Cela implique de la part de la personne présente la connaissance des étapes de l'accouchement et des processus physiologiques pour pouvoir les protéger et les soutenir mais une pleine confiance dans le processus de vie.

Sauf cas exceptionnel, un professionnel de santé est à vos côtés et vous lui déléguez votre sécurité physique ainsi que celle de votre bébé. Le ou les autre(s) accompagnant(s) se concentre(nt) sur le reste : votre confiance en vos capacités, vos doutes à écouter, vos peurs à traverser…

Aujourd'hui, c'est en majorité le partenaire de vie qui remplit ce rôle. Lui aussi traverse de grandes étapes, en particulier celle de l'impuissance face à ce que vous vivez. C'est une sensation très inconfortable et il a souvent envie de « faire quelque chose » pour se sentir utile.

La présence d'une doula est bénéfique à la fois pour vous et votre bébé, mais aussi pour votre conjoint. Pour vous, elle est une ressource, un guide, un appui, une épaule, une oreille à qui vous confier. Elle aide votre partenaire à prendre pleinement sa place tout au long de l'accouchement. Même s'il a été très impliqué dans la préparation à la naissance, il peut arriver qu'il ne se souvienne pas des positions possibles à vous proposer, qu'il ne pense pas à venir respirer à côté de vous ou qu'il ne vous suggère pas d'émettre des sons parce qu'il sera sous le coup de l'émotion de devenir père. La présence d'une doula permet de rester ancré dans le moment présent.

Les bienfaits de la présence d'une doula

Un accompagnement continu et soutenant à la naissance a de nombreux effets positifs prouvés[30] :

- **réduction de 25 % du temps de travail ;**
- **diminution de 50 % des césariennes ;**
- **réduction de 60 % des demandes de péridurale ;**
- **réduction de 30 % de l'utilisation de forceps.**

À noter que l''accompagnement par une doula en maternité doit être acceptée par l'équipe médicale.

30. Klaus Marshall H., Kennell John H., Klaus Phyllis H., *The Doual Book : How A Trained Labor Companion Can Help You Have A Shorter, Easier and Healthier Birth*, Perseus Press, 2002.

Témoignage de Maëlys

Pour mon premier accouchement, j'ai aimé la présence de mon mari. Il était réconfortant et soutenant, mais j'avais besoin d'une présence féminine, de quelqu'un qui était déjà passé par là et qui saurait trouver les mots. Le jour de mon deuxième accouchement, notre doula nous a rejoints. Elle a su trouver sa place entre mon mari et la sage-femme. Chacun était pour moi un soutien indispensable, chacun venait nourrir en moi une partie différente. Au bout de quelques heures de travail, mon mari est parti se chercher un café. J'étais contente de ne pas être seule pendant ces quelques minutes qui me semblaient des heures. Pendant les moments où je voulais être seule, la doula discutait avec mon mari. Il m'a dit après que cela avait été précieux pour lui de ne pas se retrouver seul. Et quand j'avais besoin de quelqu'un auprès de moi, j'avais le choix et une confiance totale !

Vous préparer à vivre votre enfantement

Avoir soif de connaissances

Votre préparation à donner la vie se crée depuis votre propre naissance : comment vous l'a-t-on racontée ? Quels récits d'accouchement avez-vous entendus ? Que proposent les médias comme vision de la naissance ?

Votre hypersensibilisation vous pousse à être curieuse, à vous questionner. Plus vous aurez d'informations, plus vos choix seront éclairés et plus vous pourrez faire confiance à votre intuition et au lâcher-prise.

Je vous invite à nourrir votre cerveau de connaissances pour mettre du sens sur ce qui se passe dans votre corps pendant l'accouchement et ainsi vous rassurer sur vos compétences à enfanter.

Il est possible que les cours de préparation à la naissance et à la parentalité ne suffisent pas à assouvir votre soif de connaissances. Vous trouverez à la fin de cet ouvrage une bibliographie qui vous permettra d'aller plus loin sur de nombreux sujets liés à la maternité (voir p. 145). Il existe aussi de nombreux documentaires disponibles sur Internet et je vous invite à bien les choisir pour rester dans le beau et éviter le côté obscur de l'accouchement que vous entendrez suffisamment.

Les informations que vous aurez trouvées puis associées à vos valeurs vous permettront de faire des choix qui seront adaptés et justes pour vous.

Témoignage de Fanny

Pour moi, l'accouchement était un mauvais moment à passer. C'est ce que j'avais toujours entendu : ma mère, ma sœur, mes amies me disaient que c'était horrible, mais que l'on oublie vite. Je n'avais pas vraiment envie de ça ! Alors j'ai cherché sur les réseaux sociaux des groupes qui parlaient de l'accouchement de manière positive et j'ai vu que c'était possible. Ces filles échangeaient sur des lectures, des films. De fil en aiguille, j'ai commencé à changer mon regard sur l'accouchement. Je me suis dit que c'était naturel et que cela pouvait être aussi un beau moment : il s'agit quand même de la première rencontre avec bébé ! J'avoue que je n'étais pas rassurée quand le travail a commencé, mais je savais que si j'arrivais en me disant que ça allait être horrible, alors ça le serait. Je me suis dit que ça allait être beau et ça m'a beaucoup aidée pendant tout l'accouchement.

Vous reconnecter à votre corps

La grossesse est le moment idéal pour vous reconnecter à vos sensations corporelles et à votre intuition. Nous avons vu précédemment (p. 82) tous les outils à votre disposition pour revenir à vos sensations, retrouver des perceptions oubliées ou inconnues, vous mettre à l'écoute de ce qui se passe dans votre corps.

LE YOGA PRÉNATAL

Sur le plan physique, il soulage les maux de dos et améliore l'état de bien-être général grâce à différentes postures et à leur enchaînement. Il active la circulation sanguine et l'oxygénation des tissus cellulaires, permet une meilleure conscience du périnée et son renforcement. Par des exercices de respiration et de méditation, il apporte à la fois énergie et calme au mental. Enfin, par une meilleure présence à soi, il permet une connexion plus importante avec le bébé.

Pendant la grossesse, la pratique du yoga permet donc de se sentir bien sur tous les plans : physique, mental et spirituel. Elle facilite l'accouchement le jour J, à la fois pour trouver les bonnes positions et apaiser les tensions.

Après l'accouchement, le yoga post-natal permet une reprise en douceur et adaptée à cette période si particulière.

✦ Préparer l'accueil de votre enfant ✦

Il existe plusieurs manières de préparer l'arrivée de votre enfant.

Il y a bien sûr l'élaboration de votre liste de naissance et l'acquisition de tout ce qui vous sera utile de manière pratique. Il y a aussi la réorganisation de votre espace de vie pour « faire une place » à votre bébé. C'est souvent quelque chose qui occupe beaucoup les futurs parents.

Mais si la préparation de l'accueil de votre enfant ne se situait pas à l'extérieur de vous, mais à l'intérieur ? Finalement, de quoi votre enfant a-t-il vraiment besoin en dehors de vos bras, de vos seins et de vos mots ?

Votre bébé est resté neuf mois dans un lieu clos, contenant, chaud, dans un milieu liquide qui atténuait les bruits et la lumière, sans jamais connaître la sensation de faim ni de froid. Après quelques heures de contractions, il atterrit dans notre monde : au moins 10 degrés de moins, la faim, la lumière vive, les bruits forts, stridents… et le vide.

Votre hypersensibilité vous a permis d'accéder à de nouvelles sensations pendant ces neuf mois pour que vous puissiez ressentir les grands changements vécus par votre enfant. Elle vous permet d'éprouver dans votre chair ce que vit votre bébé. Il arrive au monde perméable à tout, sans membrane entre son intérieur et l'extérieur. Il ne sait pas encore faire la différence entre lui et vous, entre lui et les autres, entre lui et le monde : il se laisse traverser par tout ce qu'il rencontre. Sensations et émotions sont vécues sans filtre. Votre propre hypersensibilité prend alors tout son sens. Elle est là pour mieux vous mettre en lien, pour assurer la continuité de la fusion intra-utérine avec votre bébé.

Préparer la rencontre avec votre enfant permet d'atténuer l'agitation liée à ces changements : comment reproduire au mieux les conditions utérines pour que la transition soit la plus douce possible ? Cette période « critique » n'a lieu qu'une fois et la teinte émotionnelle de cette rencontre va ajuster les comportements du bébé aux vôtres. Cet accordage émotionnel et affectif va se mettre en place, évoluer et se lier à votre compréhension intime de l'expérience subjective de votre bébé.

RECRÉER LE MONDE UTÉRIN

En ouvrant vos mains, en lovant votre bébé à l'intérieur, vous recréez l'espace intime du dedans. Votre chaleur, vos bercements et votre toucher associés à votre voix, votre respiration ou vos battements de cœur lui offrent un sas de transition. En le mettant au sein, vous le mettez en votre sein. C'est un retour à cet espace contenu dans lequel il était encore il y a quelques jours, quelques semaines.

LE POST-PARTUM : *le retour à la vie d'avant ?*

Il est un mythe coriace dans notre société occidentale : celui de reprendre sa vie « comme avant » après l'arrivée de son bébé. Comme si un bébé était considéré comme un élément de plus à gérer dans le quotidien pour lequel il faut trouver une place dans son planning.

Mais devenir mère ne se limite pas à cela : il s'agit d'un véritable bouleversement émotionnel intérieur et extérieur. Vous allez changer de place dans les organigrammes familiaux et sociétaux. De femme à mère. Toutes vos vies (personnelle, amoureuse, familiale et professionnelle) vont être chamboulées. Votre vision du monde va se modifier, vos priorités changer et ce qui vous paraissait si important hier n'aura plus lieu d'être demain.

L'hypersensibilité est toujours très présente pendant cette période du post-partum.

Elle peut, si vous n'étiez pas hypersensible avant, se dissiper peu à peu, comme une porte qui se referme doucement. Elle peut aussi avoir été enfouie, cachée et s'être révélée à l'occasion de la grossesse et perdurer.

Elle peut être parfois difficile à vivre et, dans cette période de découvertes et de transition, vous sembler un frein à votre nouvelle vie de mère.

Pourtant, l'hypersensibilité, malgré un corps à redécouvrir et des émotions en dents de scie, est un atout précieux pour vivre votre post-partum et installer une parentalité à l'écoute des besoins de votre enfant.

Le post-partum : de quoi parle-t-on[31] ?

Le post-partum est une phase de réintégration de votre corps, de votre cœur, de la société. Cette période très particulière qu'une femme traverse après la naissance de son enfant peut se diviser en trois grands temps dont les besoins seront un peu différents :

- **le post-partum immédiat correspond aux quelques jours qui suivent la naissance. Pendant cette période, votre corps se remet de l'accouchement et a été mis à rude épreuve (lochies[32], tranchées[33], possibles hémorroïdes...). Vous atterrissez doucement dans votre nouvelle réalité de mère ;**

- **le temps des « relevailles » marque le retour de la femme dans la vie courante : elle se « relève » après être restée alitée pour se remettre de tous ces changements. Ce temps correspond dans certaines sociétés traditionnelles aux 40 jours après la naissance. Le temps minimum nécessaire pour se régénérer, s'adapter et tisser ce lien d'attachement à son enfant est en effet de quatre à six semaines ;**

- **dans les mois qui suivent, la fin du post-partum varie selon les femmes et les bébés. Cependant, de la même manière que la grossesse implique neuf mois de gestation, la « dégestation » dure souvent aussi neuf mois. On a beaucoup parlé en France ces derniers temps des « 1 000 premiers jours » (rapport de la commission des 1 000 premiers jours de septembre 2020), ce qui a permis une prise de conscience sur la durée importante possible d'un post-partum. Cette période cruciale pour le bébé l'est tout autant pour vous et votre partenaire.**

---

31. Pour plus d'informations sur cette période particulière, je vous invite à découvrir le livre de Virginie Loth et Anne-Christine Barbequot, Accompagner sa partenaire pendant l'accouchement, *Mango Éditions, 2022.*

32. Les lochies sont des pertes de sang qui ressemblent à des règles importantes. Elles correspondent au sang expulsé par l'utérus qui retrouve sa taille initiale.

33. Les tranchées sont les contractions qui servent en particulier à faire revenir l'utérus à sa taille initiale après l'accouchement.

Vous réapproprier ce corps qui vous joue des tours

✦ Le post-partum immédiat : des sens encore exacerbés ✦

L'aventure de l'enfantement que vous avez vécue n'a que quelques heures, que quelques jours, et pourtant votre corps a parcouru un véritable marathon et une expansion extrasensorielle.

Vous avez été happée dans le vortex de la naissance, peut-être avez-vous même l'impression de ne plus occuper votre corps. À présent, il est temps de le réintégrer, de revenir dans votre corporalité et de reprendre possession des lieux.

Ce retour peut être parfois douloureux. Vous avez peut-être vécu une déchirure, une épisiotomie ou une césarienne et votre corps a besoin de temps pour se remettre. Même si tout s'est bien passé, vous pouvez avoir l'impression d'être coupée de votre intimité : les sensations ont été tellement fortes et intenses qu'il faut du temps pour investir à nouveau cet espace vital, comme s'il fallait attendre que le seuil de sensations baisse pour redevenir acceptable. L'intensité vécue dans le moment d'exception de l'enfantement ne dure pas.

Durant les jours qui suivent la naissance, votre corps va encore traverser des sensations jusque-là inconnues.

Si vous allaitez, vous découvrirez aussi une nouvelle sensation lors des premières tétées : la succion forte et puissante exercée par votre bébé pour pouvoir trouver le précieux colostrum. Ce dernier est un liquide épais et jaune qui s'écoule après la naissance du bébé (et souvent les semaines avant). Sa faible quantité est parfaitement adaptée à l'estomac de votre bébé et il est un concentré d'acides gras, de vitamines, de sels minéraux, de protéines, ainsi que de cellules immunitaires.

La montée de lait est aussi susceptible de mettre à rude épreuve vos seins qui sont tendus, chauds, voire douloureux.

Les premières heures et premiers jours qui suivent la naissance sont donc riches en expériences sensorielles nouvelles alors même que votre corps vient de vivre un marathon et qu'il vous faut retrouver de l'énergie pour vous occuper de votre bébé et tisser le lien. Je vous invite à ne vous occuper que de vous et de votre bébé, rien d'autre n'est aussi important à ce moment-là. Laissez votre partenaire gérer les visites, les démarches administratives, la fratrie, l'intendance quotidienne... Et à chaque fois que vous êtes debout, demandez-vous si vous pourriez être assise et si oui, asseyez-vous ; et si vous êtes assise, demandez-vous si vous pourriez être couchée et si oui, allongez-vous !

Témoignage de Lucie

J'ai mis plusieurs jours à réintégrer la réalité. Tout semblait flotter. Mon odorat ne sentait que mon bébé, je n'avais d'yeux que pour lui. Je le touchais sans cesse, comme pour m'assurer que je ne rêvais pas. Tout ce qui ne le concernait pas m'irritait et je ne supportais pas que l'on puisse parler d'autre chose que de mon enfant.

C'était à la fois époustouflant et angoissant de centrer toute mon attention et mon énergie sur ce petit être. Et en même temps, mon corps me rappelait sans cesse que je devais aussi prendre soin de moi : je saignais, mes seins coulaient et mes yeux versaient des larmes. Je ne sais même plus pourquoi. C'était complètement irréel.

Le microbiote de votre bébé

La première flore qu'un bébé rencontre sur son chemin de vie est celle du vagin de sa maman lors de son passage. La flore alors transmise à l'enfant est celle qu'elle avait avant la conception et qui a évoluée pendant la grossesse, comme celle qu'elle a reçue était celle de sa maman avant qu'elle ne soit enceinte. Cet « ensemencement » revêt une importance toute particulière, car il donne « la couleur » de la flore intestinale de l'enfant pour toute sa vie. Cela aura en particulier une influence majeure sur son immunité de bébé, d'enfant et d'adulte. Michel Odent, en rappelant le lien très étroit entre la qualité de la flore intestinale et l'immunité, pose la question de l'augmentation exponentielle des maladies auto-immunes et de sa corrélation dans le temps avec des naissances dans des lieux aseptisés (hôpitaux). La qualité de votre flore intestinale prend alors toute son importance. Elle est bien sur liée à votre alimentation mais aussi à votre niveau de stress. Or, votre hypersensibilité due à cette grossesse vous rend plus susceptible d'avoir un niveau de stress élevé. Vous pouvez utiliser de nombreuses techniques simples et rapides (cohérence cardiaque, respiration abdominale, EFT...) pour abaisser vos tensions et ainsi prendre soin de votre microbiote.

✦ Le post-partum prolongé ✦

Pendant neuf mois, votre corps s'est transformé. Dès la naissance de votre enfant et pendant les mois qui suivent, vous vivez ce qui est appelé la « dégestation », un néologisme pour exprimer un « rétrécissement » de votre corps, comme une contraction après une dilatation. Pendant neuf mois, vous avez été dans un mouvement d'expansion physique et psychique. À présent, votre corps se contracte pour tendre vers le corps qu'il était auparavant. Toutes les fonctions et organes qui ont été sollicités pendant votre grossesse vont prendre le chemin inverse. Autant vous le dire tout de suite : à quelques rares exceptions près, votre corps ne redeviendra pas comme avant et c'est normal. Souvenez-vous du lien entre votre changement de corporalité et votre psyché que nous avons vu dans la partie sur la grossesse (voir p. 34) : vous avez changé et votre corps change aussi ses lignes.

Pendant cette période, votre hypersensibilité toujours présente peut ralentir votre système digestif et perturber votre microbiote. Si ce dernier est déséquilibré, les sécrétions de sérotonine (hormone de la sérénité) et de mélatonine (hormone du sommeil) auront plus de mal à jouer leur rôle et votre récupération sera plus difficile. Votre alimentation est donc d'une grande importance. Nourrissez-vous de belles et bonnes choses, à tous les niveaux.

La transformation rapide (quelques mois) que vous avez vécue vous a obligé à penser à la grossesse constamment dans votre vie courante. De la même manière, la dégestation vous amène à prendre soin de votre nouveau duo maman/bébé. Ces nouvelles transformations physiques installent votre identité de mère. Votre nouveau corps contient votre nouveau « vous ».

Témoignage de Carole

> *Il m'a fallu neuf mois pour retrouver mon poids d'avant la grossesse : neuf mois dedans, neuf mois dehors. En fait, si j'ai retrouvé mon poids, je n'ai pas retrouvé mon corps : mon bassin s'est élargi ainsi que mes côtes. Je ne fais plus la même taille. J'ai eu un peu de mal avec ça, mais j'ai profondément changé en devenant mère alors je me dis qu'il est normal que mon corps change aussi…*

✦ Devenir mère et rester femme : la sexualité ✦

Pendant de nombreuses semaines, voire de nombreux mois après la naissance de votre enfant, vous pouvez avoir la sensation d'être toujours « à fleur de peau ». Votre corps, et en particulier votre sexe, a traversé l'aventure de la grossesse et de l'accouchement, qui ont remanié durablement votre rapport à la vie et votre rapport au corps. Vos sens sont toujours aiguisés et votre seuil de saturation à tous les stimuli physiques (allaitement, seins tendus, sensations différentes au niveau du périnée…) peut être plus bas que d'habitude. Avant votre sortie de la maternité, vous êtes sollicitée pour choisir votre moyen de contraception. Cette simple question, à un moment aussi peu propice, est assez évocatrice d'une société qui considère que la sexualité doit reprendre « dès que possible » (et si possible « au plus vite »). Elle est même incitative. Cette question aura toute sa place dans quelques semaines lors de votre rendez-vous avec votre sage-femme qui pourra alors vous proposer des méthodes adaptées à vos envies, vos valeurs et votre mode de vie.

En attendant, vous vivez de nombreuses et rapides modifications corporelles et vous avez besoin de douceur, d'attention et de temps pour envisager de nouveau votre sexe et votre poitrine comme des organes de plaisir. Réinvestir votre sexualité implique un processus qui commence par vous : de vous à vous, votre corps, vos besoins. Pour avoir envie d'intimité, votre corps doit être « apte » à cela. Ensuite, vous avez besoin d'un espace psychique prêt à accueillir cette intimité. Passer de la tendresse maternelle à la tendresse érotique n'est pas toujours facile et ne peut se réaliser en un claquement de doigts. Votre absence de désir n'est pas une marque de non-amour comme peut parfois le croire votre partenaire, mais simplement un signe de réappropriation de votre corps et de l'énergie actuellement tournée vers votre bébé.

Cette période est un temps « d'apprivoisement[34] », de rééquilibrage de votre couple qui existe toujours et dont il faut prendre soin.

Devenir père ou devenir mère, c'est découvrir chez l'autre un nouveau pan de son identité. Mais cette partie n'enlève en rien le reste : vous restez et il reste votre partenaire, avec une nouvelle identité à découvrir. Votre sexualité suit alors vraisemblablement les couleurs qu'elle a prises pendant la grossesse : ajustements, communication, douceur, tendresse… vous permettront de retrouver de l'assurance dans votre vie de femme.

Enfin, la manière dont va se comporter votre conjoint en tant que père et époux détermine en grande partie la manière dont vous allez le voir en tant qu'homme et en tant que partenaire. Découvrir votre conjoint comme père peut engendrer une

34. Selon les termes de Brigitte Douxchamps, sexothérapeute, brigittedouxchamps.ch.

perception différente. Se trouver face à un partenaire hésitant, à la recherche de sa place, peut affecter votre libido de manière négative, car vous ne vous sentirez pas en sécurité. Au contraire, son comportement pourra l'influencer de manière positive si vous découvrez une sensibilité peut-être jusque-là mise de côté.

Il n'y a pas de rythme imposé ni de rythme idéal, il n'y a que votre propre tempo. Prendre soin de l'autre, nourrir cette connexion amoureuse sera un atout pour retrouver votre couple.

Témoignage de Kate

> *Pendant l'accouchement, mon mari a été incroyable. Je ne savais pas trop à quoi m'attendre, car il semblait prendre beaucoup de distance pendant les préparations à la naissance. Le jour J, il était pleinement là, confiant, solide comme un roc. Il n'a jamais douté de moi et il m'a donné la force de continuer. Sans lui, je n'y serais pas arrivée. Le voir m'offrir un tel soutien a changé ma vision de lui. Ce n'est pas que je n'avais pas confiance en lui auparavant, mais j'ai vu un homme ancré, confiant en la vie, soutenant et cela me met des papillons dans le ventre !*

Il est possible aussi que les freins ne soient pas du côté de la femme mais du partenaire. De nombreuses raisons peuvent l'expliquer selon l'histoire, le parcours de vie et le vécu de chacun.

En premier lieu, ce qu'il a vu et vécu à l'accouchement peut éventuellement l'avoir choqué : des techniques invasives, la vision de la tête du bébé qui sort, une place non trouvée pendant le processus… Chacun va réagir différemment.

Ensuite, vous découvrir comme mère, c'est découvrir une nouvelle facette de votre identité. Il convient alors de faire cohabiter la mère, la femme et l'amante, prendre conscience que votre corps n'est pas seulement le lieu de votre amour et qu'il est aujourd'hui dédié à votre enfant. Cela peut parfois créer une sorte de jalousie vis-à-vis du bébé qui prend tout le temps, le corps et l'énergie de la femme.

Cela peut aussi venir de sa propre transformation, de la découverte de sa nouvelle identité de père. Sans avoir forcément de lien avec une remise en question de la sexualité, ce nouveau statut et ces nouvelles responsabilités peuvent absorber toute son énergie psychique, ne laissant plus de place à l'amant. Sa propre sensibilité et des émotions à fleur de peau pour lui aussi rendent ce passage possiblement inconfortable.

En général, les choses se régulent et trouvent un nouvel équilibre dans les mois qui suivent. Si ce n'est pas le cas, il ne faut pas hésiter à en parler avec votre partenaire pour trouver des espaces de dialogue (groupes de papas, professionnels...).

Témoignage de Charlotte

Lors de la naissance de Gabin, j'ai eu une épisiotomie. Sa cicatrisation a été longue et difficile. Pendant plusieurs semaines, j'avais des saignements et des douleurs lorsque je m'asseyais. Il n'était pas envisageable de penser reprendre une sexualité comme avant. J'avais mal et peur. Même quand les douleurs se sont estompées, il m'a fallu du temps et pas mal d'essais avant de pouvoir me détendre. Si un homme avait une plaie de sept ou huit points n'importe où sur le corps, nous en entendrions parler pendant longtemps ! Nous, il faudrait que nous reprenions notre vie comme avant au bout de quelques jours ! C'est comme si tout cela ne devait pas exister.

La voie lactée est-elle compatible avec le septième ciel ?

Pendant l'allaitement, les sécrétions hormonales sont encore modifiées. En particulier, l'hormone appelée prolactine est présente pour stimuler la production de lait. Elle a aussi tendance à endormir votre libido, le corps de la femme étant ainsi programmé pour être tourné entièrement vers son bébé.

En outre, le taux d'œstrogène chute après l'accouchement. Cette hormone assure (entre autres) la lubrification du vagin. Cette chute peut engendrer une sécheresse vaginale et des douleurs afférentes.

Quant aux seins, ils sont particulièrement sensibles pendant les premières semaines. Le simple fait de les effleurer peut parfois générer un inconfort, voire une douleur. Par ailleurs, alors que la poitrine a la fonction de nourrir le bébé, la concevoir à nouveau comme objet de désir sexuel peut être prématuré.

Tout cela se régule au fil de l'allaitement et allaitement long n'est pas synonyme d'arrêt de la sexualité.

Des émotions en montagnes russes

Entre force et vulnérabilité

Pendant la grossesse et l'accouchement, le centre de gravité émotionnel est votre ventre. À présent, l'objet de votre attention est votre bébé, à l'extérieur.

Vous le découvrez et a lieu la rencontre entre le bébé imaginaire, dont vous avez rêvé pendant plusieurs mois, et le bébé réel que vous tenez dans vos bras. Ce moment si particulier vous rend à la fois forte et vulnérable. Vous oscillez constamment entre ces deux pôles et les remous que cela provoque en vous peuvent vous faire vaciller.

La « préoccupation primaire maternelle[35] » décrite par D. Winnicott, pédiatre et psychanalyste américain, correspond aux moments pendant lesquels vous vous adaptez aux premiers besoins de votre bébé. De manière inconsciente, et comme pour vous identifier au plus près à votre nourrisson, vous vous immergez dans le monde sensible du tout-petit. Ainsi, grâce à votre hypersensibilité, vous pouvez décoder et interpréter certains signaux que votre bébé vous envoie. En ressentant vos émotions de manière exacerbée, vous vous rapprochez du ressenti de votre nouveau-né. Votre hypersensibilité est ainsi une porte d'accès à celle de votre nourrisson.

L'allaitement peut être un moyen de permettre un atterrissage en douceur, comme un prolongement de la grossesse : vous et votre bébé retournez au cœur de ce monde intérieur dans lequel vous étiez ces derniers mois.

Le portage physique constitue une autre transition en douceur. Au-delà de tous les avantages physiques pour vous (vous préservez votre dos, vous avez les mains libres…) et pour votre bébé (il se synchronise sur votre respiration, est apaisé par les battements de votre cœur, revit les mouvements de balancier qu'il vivait in utero…), il s'agit avant tout d'un portage affectif, une manière de soutenir votre enfant dans son entrée dans le monde.

---

35. *Winnicott, D. W., (1956)*, « La préoccupation maternelle primaire », De la pédiatrie à la psychanalyse, *Payot, « Petite Bibliothèque Payot », Paris 1956 (1975)*

Pendant les jours qui suivent la naissance, vous revenez doucement de votre long voyage. Après peut-être des mois (voire des années) d'attente, 9 mois de traversée et une tempête plus tard, vous réintégrez et redécouvrez votre corps. Vous êtes encore à mi-chemin entre cet espace-temps de la naissance et celui de notre réalité : un sas dans lequel vous tissez votre lien avec votre bébé.

Tout doucement, semaine après semaine, mois après mois, cette fenêtre d'hypersensibilité peut se refermer. Votre bébé vient de passer d'un monde du dedans à un monde du dehors, mais vous aussi avez besoin d'un temps pour refermer ce monde intérieur dans lequel vous avez plongé et dans lequel vous avez fait des allers-retours incessants pendant neuf mois.

Vous restez imprégnée de cette expérience pendant longtemps. Cette sensation perdure : vous ressentez quelque chose de différent. Cette transformation acquise va-t-elle demeurer ? C'est un chemin qui vient de s'ouvrir, un accès à une intériorité jamais explorée, là où des ressources insoupçonnées se trouvent et se dévoilent. Puis, le souvenir s'étiole, se refaçonne au fur et à mesure du temps linéaire, mais cette sensation reste au plus profond de vous et peut se retrouver quand vous en avez besoin.

Pour certaines d'entre vous, cette hypersensibilisation que vous venez de vivre va révéler une hypersensibilité dont vous n'aviez pas conscience. C'est alors l'occasion de vous découvrir sous un nouveau jour, dans la continuité de votre grossesse, avec tout ce que vous avez expérimenté et la force que vous avez pu y puiser.

Les modifications neuronales après la naissance d'un enfant

Dans le chapitre sur la grossesse et les émotions (p. 46), vous avez découvert le « *pregnancy brain* ». Ce phénomène correspond au remodelage du cerveau (à la fois par des processus hormonaux et via la plasticité cérébrale) pour se préparer à cette nouvelle fonction maternelle. Pendant le post-partum, ce remodelage est encore plus d'actualité : tout est mis en œuvre pour que vous assuriez la survie de votre bébé. Votre cerveau procède à une maturation et à une spécialisation au niveau des neurones impliqués dans les relations sociales, l'augmentation des émotions et de la reconnaissance de celles des autres.

La sensation de décalage

L'hypersensibilisation vécue pendant cette période entraîne souvent une impression de décalage entre ce que vous aviez imaginé vivre et ce que vous vivez.

Vous vous comparez souvent à cette mère idéale que vous avez visualisée maintes fois pendant votre grossesse. Vous découvrez alors que vos réactions ne sont pas toujours celles que vous souhaiteriez avoir, que vos parts d'ombre prennent parfois le dessus, la fatigue n'aidant pas.

Vous vous confrontez aussi à ce bébé qui ne correspond pas vraiment à celui que vous avez fantasmé pendant neuf mois : il dort trop ou pas assez, mange trop souvent ou pas assez, pleure trop ou pas assez… toutes ces notions étant, bien sûr, très personnelles et subjectives.

Vous découvrez votre partenaire dans son nouveau rôle de parent et il n'est pas, lui non plus, comme vous l'aviez imaginé : trop ou pas assez investi, trop ou pas assez présent…

De manière plus globale, il s'agit aussi d'une sensation de décalage par rapport au monde. Le post-partum est un temps pendant lequel se frottent deux mondes différents : le vôtre, dans un temps calé sur celui de votre bébé, et celui qui n'a jamais cessé d'exister, toujours trépidant, que vous avez laissé de côté pour vous mettre au rythme de votre vie.

Peut alors naître un sentiment d'être inadaptée au monde, de ne pas être comprise ou de ne pas être « normale ». Vous pouvez avoir envie de reprendre votre vie d'avant, de mettre une carapace pour que ce soit plus facile à vivre. Mais vous pouvez aussi faire le choix de l'inconfort passager pour mieux trouver votre nouvelle place, celle qui correspond à qui vous êtes maintenant.

Après la naissance de votre enfant, une page se tourne et un nouveau chapitre commence. L'arrivée de ce petit être va venir chambouler votre vie et même si la charge affective est positive, il n'en demeure pas moins que vous traversez une période stressante, car remplie d'incertitudes et de découvertes.

Même entourée, vous pouvez ainsi vous sentir très seule, incomprise. Cette solitude des mères passe inaperçue, car elles peuvent être entourées d'une sollicitude médicale et sociale qui va rarement jusqu'au cœur des problèmes.

Témoignage d'Ève

> *Quand Camille a eu 3 semaines, je suis allée la présenter là où je travaille. Il se trouve que mon mari travaille là-bas aussi. Je les entendais discuter et le patron est venu me parler du nouveau logiciel de comptabilité. J'avais l'impression de ne plus faire partie de leur monde. J'étais perdue. Ne se rendaient-ils pas compte que seule ma fille avait de l'importance ? Tout le reste n'était que superficiel. J'avais l'impression d'être la seule à voir la seule chose importante : la vie. Comme si je touchais du doigt quelque chose de sacré qui leur échappait. Ce sentiment de décalage était très difficile à vivre. J'avais l'impression d'être incomprise et d'être seule dans mon monde, seule avec mon bébé.*

L'exemple du syndrome du ventre vide

Le syndrome du ventre vide est cette sensation de vacuité très étrange que peuvent vivre certaines femmes après la naissance. Il y a un décalage entre le vécu intérieur et la réalité en raison d'une transition vécue comme trop rapide.

Elles étaient « pleines », les voilà « vides ». Elles sentaient la vie au cœur de leur ventre, voilà qu'il n'y a plus rien qui bouge à l'intérieur. Elles avaient l'impression de rayonner, voilà que le rayonnement s'est déplacé hors d'elles et illumine leur enfant. C'est un sentiment étrange d'éprouver cela alors que la prunelle de leurs yeux est dans leurs bras, mais c'est bien de cela qu'il s'agit : il n'est plus à l'intérieur. Vient l'heure du deuil de la femme enceinte qu'elles étaient encore il y a quelques jours, centre de toutes les attentions, et du deuil de l'enfant rêvé et porté. C'est la toute première d'une longue série de séparations, dont celle qui fera de l'enfant un adulte autonome lorsqu'il quittera le foyer.

✦ La prise de conscience de la mort ✦

Transmettre la vie, c'est également léguer son terrible pendant, celui de la mort.

Avant l'arrivée du premier bébé, la mort peut être assez abstraite. La jeunesse comme la santé rendent invincible et l'insouciance permet de mettre à distance ces pensées d'une absence possible.

Lors de l'arrivée de l'enfant, la prise de conscience de la responsabilité peut être un grand choc. Si vous mourrez demain, que deviendra-t-il ?

L'anxiété liée à cette prise de conscience peut parfois prendre de l'ampleur. Combien de femmes se relèvent la nuit « juste » pour s'assurer que leur bébé respire ? Combien vont jusqu'à le réveiller pour être sûres ? Cette anxiété maintient en état d'alerte et permet d'intérioriser ces nouvelles responsabilités.

Toutefois, cette surprotection peut empêcher le nourrisson de se comporter librement et en confiance. Il perçoit cette anxiété, mais n'est pas en capacité de l'analyser. Il la prend comme faisant partie de lui.

Témoignage de Sandra

> *J'ai toujours aimé les activités que l'on appelle « casse-cou ». L'idée de la mort, en tout cas la mienne, ne m'avait jamais effleurée. Je n'avais peur de rien. Avec l'arrivée de Benjamin dans ma vie, cette idée s'est immiscée chaque seconde. J'étais angoissée par sa possible mort à lui et par la mienne. Non pas pour moi, mais parce que je ne voulais pas qu'il grandisse sans sa maman.*

La recherche de la perfection : quand l'hypersensibilité vous pousse à bout

La promesse du bonheur

La maternité est assimilée à une promesse de bonheur qui oublie la fatigue et la suradaptation constante. Les mères n'ont pas le droit d'être malheureuses. Aujourd'hui, la « bonne mère » réussit tout : elle crée une relation épanouie avec son enfant, elle est heureuse, comblée, sexy, performante dans son métier, épanouie dans sa relation avec son partenaire et toujours pleine d'énergie pour s'occuper de la maison, de ses enfants et du reste.

Devenir mère peut être pour certaines une étape de développement personnel, un genre de rite pour développer leur féminité. Il semble qu'il soit parfois nécessaire pour une femme de passer par la case « enfant » pour avoir une existence sociale. La maternité peut être comme un plan de carrière : calculer la meilleure date de conception, prévoir la date de naissance pour que ce soit le plus pratique possible, tout anticiper pour que la case « enfant » soit cochée après celles d'études, mariage, voiture et maison.

Notre société prend pour exemple des femmes qui ont occulté cette parenthèse d'hypersensibilité, qui n'ont pas souhaité (consciemment ou inconsciemment) vivre cette aventure, des femmes qui ont envie de retrouver le plus vite possible leur vie d'avant. Mais ce modèle est-il absolument celui à suivre ? Cette norme convient au schéma social dans lequel nous vivons. Au sein de celui-ci, la notion de travail « reconnu » est centrale, tout travail non rémunéré n'est pas considéré, les résultats à court terme sont les seuls à être pris en compte et le rythme de vie ne laisse pas de place à la diversité (enfants, personnes âgées, personnes handicapées…).

La grossesse, puis l'arrivée de l'enfant viennent souvent faire s'écrouler ce château de cartes. Plus rien n'est maîtrisé ni prévisible.

Pourtant, ce n'est pas l'envie qui manque de profiter et jouir de cette maternité, sans concession, en gardant à la fois les bons côtés du couple, de la vie pro, et les bons côtés de la maternité, tout en paillettes et sourires d'Instagram.

Mais la réalité rattrape : continuer à vivre avec un enfant comme si on n'avait pas d'enfant n'est pas possible. Ce peut alors être l'heure des désillusions, de la non-reconnaissance et des frustrations.

Contrairement à avant, la majorité des femmes qui ont un enfant aujourd'hui veulent devenir mères. C'est un choix et elles ne s'attendent donc pas à souffrir, à se sacrifier. Vouloir un enfant devrait être synonyme de bonheur, d'épanouissement personnel et cela peut l'être, parfois, souvent, mais pas tout le temps. La vie n'est pas linéaire.

L'instinct maternel se discute et fait encore couler beaucoup d'encre. Il constitue un fait biologique et en particulier hormonal qui permet de mettre en place le nécessaire pour materner. Mais cela est loin d'être suffisant. Il y eut un temps pendant lequel la transmission se faisait par mimétisme. La vie en communauté et le mélange des générations faisaient qu'une femme qui devenait mère avait vu sa mère, sa tante, sa voisine être mères. Aujourd'hui, de nombreuses femmes deviennent mères sans avoir d'enfant dans leur entourage ou seulement des enfants qu'elles voient de manière très épisodique.

Celles pour qui la maternité n'est pas une évidence (une majorité) se retrouvent désemparées, voire désenchantées.

Pour adoucir d'éventuelles déceptions, rappelez-vous que la première des reconnaissances que vous cherchez à l'extérieur est la vôtre.

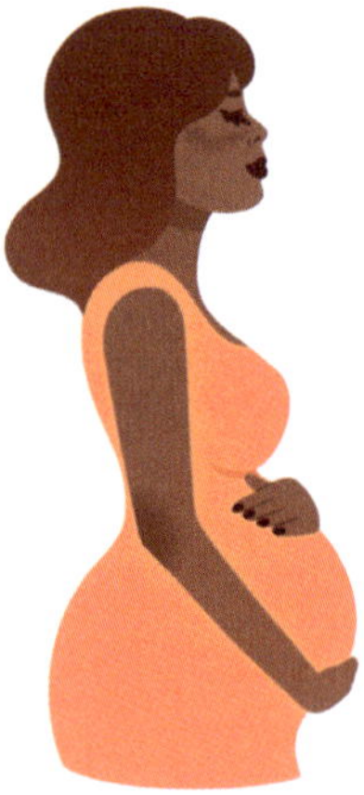

Témoignage d'Océane

Nous avons eu Clara suite à un parcours PMA. Cela a été très long et difficile. Nous avions perdu espoir, mais au bout de quatre ans, je suis tombée enceinte et le bébé est resté.

Quand nous avons tenu notre fille dans nos bras, ce fut un bonheur incroyable. Mais rapidement, la fatigue, les hormones, ce corps que je ne reconnaissais pas, l'inconnu de ce bébé m'ont fait regretter d'avoir eu cet enfant. Je l'aimais profondément, mais je n'étais plus sûre du tout d'être faite pour être mère. Mais à qui dire tout ça quand cela fait plus de six ans que vous essayez d'avoir un enfant ? Personne ne m'écoutait, ne me comprenait. J'ai même eu droit à un « Tu l'as voulu, maintenant tu l'as ! ». Alors je répondais « Ça va » quand on me demandait mon état et j'ai branché le pilote automatique. C'était terrible, je n'avais aucune soupape de décompression.. Je devais être cette mère souriante et heureuse que tout le monde attendait puisque j'en avais rêvé si longtemps.

Baby blues, dépression du post-partum et matrescence

Le baby blues est une courte période de déprime qui touche les femmes qui viennent d'accoucher. Il survient en général dans les quelques jours qui suivent la naissance. Dans notre société, on l'explique essentiellement par une tempête hormonale. Il est en fait à l'intersection de bouleversements émotionnels et existentiels.

En effet, il semble que dans les sociétés dans lesquelles la naissance et l'après-naissance sont ritualisées, dans lesquelles la maman et le bébé restent en quasi-huis clos pendant quelques jours et dans lesquelles les femmes sont soutenues et valorisées dans leur rôle de mère, le baby blues soit très léger, voire inexistant.

Votre hypersensibilité à ce moment-là, cette transparence psychique dont nous avons déjà parlé, peut faire remonter des souvenirs et émotions de votre toute petite enfance. En donnant la vie, vous vous remémorez aussi vos propres premiers temps. Cette mise à nu vous permet de vous aligner sur la même longueur d'onde que votre enfant, mais elle peut être très inconfortable, car vous n'êtes pas habituée à cela.

Le baby blues pourrait correspondre à une partie visible d'un remaniement du cœur après l'accouchement, une étape à part entière de la matrescence.

La dépression du post-partum, elle, peut se manifester dans les 12 mois qui suivent la naissance. Elle se traduit par une tristesse globale touchant tous les aspects de votre vie ainsi qu'une difficulté, une rupture émotionnelle avec votre enfant. Des indicateurs physiques, émotionnels et cognitifs doivent vous interpeller : fatigue, anxiété, douleurs, nervosité, tristesse, impatience, irritabilité, impossibilité de réfléchir, rumination, confusion… Parfois, la perte du monde d'avant la grossesse est trop dure à vivre ; parfois, le deuil du monde découvert pendant la grossesse est compliqué ; parfois encore, la naissance psychique de la mère a du mal à s'élaborer.

Le manque de sommeil, l'hypervigilance constante, l'accumulation de nouvelles activités, de découvertes et le fait d'être en permanence soucieuse peuvent engendrer une saturation à la fois physique et mentale, un épuisement profond. Si cet épuisement dure plus de 15 jours, si vous vous êtes mise en pilote automatique et faites les activités quotidiennes sans ne plus vraiment être là, alors n'hésitez pas à aller en parler à un professionnel de santé. Il saura vous aider et vous orienter pour que cette traversée ne soit pas durable. Cette transition de la maternité n'est pas une maladie.

À EXPÉRIMENTER PENDANT LE BABY BLUES

- Pratiquez un maximum de peau à peau, plongez vos yeux dans les yeux de votre bébé. Cela vous permettra de remettre votre enfant « à l'intérieur ». Ne dit-on pas « le dévorer des yeux » ?

- Veillez à une alimentation de qualité qui vous soutiendra à la fois physiquement et émotionnellement.

- Trouvez une écoute bienveillante qui ne vous conseillera pas, mais saura vous soutenir dans cette traversée comme l'Association maman blues (https://www.maman-blues.fr/).

- Entourez-vous de personnes qui soutiennent vos choix.

Témoignage de Clara

> *Je croyais savoir ce que c'était qu'être épuisée. Quand on faisait des fêtes à n'en plus finir avec les copains, par exemple. Mais cela n'avait rien à voir avec ce que je vis aujourd'hui. Je ne sais pas quand je pourrais récupérer de ma fatigue actuelle : chaque instant me demande une hypervigilance pour que ma fille soit en sécurité. Chaque seconde, je suis aux aguets et quand mon corps rend les armes, ma fille pleure et me demande un énième effort physique pour la changer, la nourrir, la bercer. Non, je ne pouvais pas m'imaginer que mon corps et mon esprit pourraient aller aussi loin dans l'épuisement.*

L'hyperadaptation, le risque accru de fatigue ou l'épreuve du feu

« Le besoin est une exigence née d'un sentiment de manque, de privation de quelque chose qui est nécessaire à la vie organique » (définition *Larousse*). Votre bébé vient au monde avec des besoins qu'il ne peut en grande majorité pas combler lui-même. Il est dans un état d'extrême dépendance pour se nourrir, se mouvoir, avoir chaud, être consolé, se sentir en sécurité…

Vous êtes alors à l'écoute des besoins de votre nouveau-né 24 heures sur 24. Leur découverte peut être un bouleversement. En quelques heures, vous devez savoir lui donner le sein, savoir s'il a assez chaud (mais pas trop !), savoir l'habiller, lui changer sa couche, savoir reconnaître ses appels… Tout cela nécessite une grande adaptabilité de votre part.

Et même si vous apprenez vite les fondamentaux des soins, les nouveau-nés sont imprévisibles : pas de rythme, pas d'anticipation possible !

En tant que mère, vous êtes censée savoir gérer en toutes circonstances et cette attente engendre un niveau d'épuisement que l'on rencontre rarement par ailleurs.

Témoignage de Charlène

> *J'ai toujours eu tendance à vouloir plaire aux autres, à m'adapter à leurs envies, à me suradapter au monde environnant. Avec l'arrivée de Jules, cela a empiré. Recevoir le moindre commentaire me heurtait profondément sur mes compétences de mère, comme une remise en question permanente. Alors je me suis adaptée à mes interlocuteurs. Avec ma mère, je faisais comme ci, avec ma belle-mère comme ça, avec mon conjoint de cette manière, avec cette amie encore différemment. Je ne savais plus quelle mère j'étais pour mon enfant. Le déclic a eu lieu quand j'ai vu dans le regard de mon bébé de 6 mois qu'il ne comprenait pas ce que je faisais. Il ne savait jamais à quoi s'attendre puisque les réponses que je lui donnais dépendaient des personnes en présence, mais ne répondaient ni à ses besoins, ni aux miens. Il m'a fallu beaucoup travailler sur ma confiance à être une « bonne » mère pour accepter les regards réprobateurs, jugeants, et les remarques « Tu devrais faire comme ci ou comme ça » qui sous-entendent que je ne fais pas bien. Je pense que petit à petit, j'arrive à m'en détacher, mais c'est long et difficile. La pression était trop forte.*

La parentalité est ainsi un travail exigeant à plusieurs points de vue : en termes d'empathie, en termes de qualité de présence et en termes de priorisation des besoins de votre ou vos enfants.

Malheureusement, contrairement à l'amour, le temps n'est pas élastique et vouloir retrouver sa vie d'avant est utopique.

Ce manque de temps contribue à augmenter la pression parce qu'il vous paraît impossible de faire entrer une journée en 24 heures. Le temps semble être comme une pièce de monnaie : côté pile, il file à toute allure et vous vous retrouvez à la fin de la journée avec l'impression de n'avoir rien fait ; côté face, la qualité du temps passé avec votre bébé, dans l'instant présent, vous donne une sensation d'éternité, comme si le temps se dilatait.

Une grande fatigue peut alors s'installer alors même que cette hypersensibilité vous demande de respecter votre rythme naturel. Cette fatigue physique (liée aux neuf mois de grossesse, à l'accouchement, aux nuits hachées...) et cette fatigue psychique (due à l'inconstance des journées et à l'adaptation nécessaire) doivent être prises en compte et vous devez être vigilante pour pouvoir rester en forme dans les mois et années à venir.

Pour cela, le simple fait de fermer les yeux repose. En effet, la grande majorité de vos stimulations sensorielles passent par la vue (environ 80 % selon Elaine Aron[36]). Quelques minutes les yeux fermés sans stimulus et une respiration abdominale feront retomber la pression.

Pour réduire la charge mentale, essayez de trouver des espaces dans lesquels prendre du plaisir : jardiner, lire, méditer, contempler, poser votre conscience sur votre respiration, ne rien faire…

Les 7 types de repos

Saundra Dalton-Smith[37], physicienne et chercheuse américaine, enseigne que « Le repos est la thérapie alternative sans produits chimiques, sûre et efficace à notre disposition, mais également la plus sous-utilisée ». Malheureusement, nous confondons repos et sommeil. Ici réside peut-être une clé pour vous sentir moins fatiguée dans votre vie de jeune maman.

En effet, le sommeil n'est qu'une partie du repos. Selon elle, il existe sept types de repos différents qui permettent au corps de recharger efficacement ses batteries et en particulier le repos qu'elle qualifie de « sensoriel ». Il consiste à alléger tous les stimuli que vous percevez dans votre environnement au quotidien afin que votre cerveau soit moins sollicité. Pendant cette période d'hypersensibilité, votre surcharge sensorielle peut être rapide, car vos sens maintiennent une hypervigilance pour assurer la sécurité de votre enfant. Toutes les activités vous demandent de l'énergie qui n'est pas uniquement physique. Vous pouvez prêter attention à vos cinq sens et à leur stimulation. Cela vous amènera peut-être à couper la radio, baisser la lumière, changer de vêtement pour une matière plus douce, mettre une bougie parfumée… Baisser les stimulations sensorielles vous permettra ainsi d'alléger votre fatigue.

---

36. Elaine N., *Aron*, Ces gens qui ont peur d'avoir peur – Mieux comprendre l'hypersensibilité – *Les éditions de l'Homme, 1996.*

37. *https://www.ted.com/talks/saundra_dalton_smith_the_real_reason_why_we_are_tired_and_what_to_do_about_it*

✦ Le questionnement permanent ✦

Il y a toujours un avant et un après la naissance. Une vie et une perception du monde différentes. L'hypersensibilisation que vous vivez encore vous pousse dans des questionnements constants : vais-je être une bonne mère ? Est-ce que ce que je fais est le mieux pour mon bébé ? Que vais-je devenir au-delà de la maternité ? Comment concilier dans ma tête les paramètres « être mère », « être femme » et « m'épanouir dans mon activité professionnelle » ? Comment protéger au mieux mon enfant ? Et s'il meurt ? Et si je meurs ?

Ces questionnements et cette maturation dans votre parentalité sont normaux, voire nécessaires.

Accueillir un enfant, c'est aussi vous accueillir vous, avec vos zones d'ombre, vos fragilités et vos blessures.

La pression sociétale est importante. Vous allez sûrement vous demander encore et encore ce que vous faites de bien ou de mal, ce que les autres font et que vous ne faites pas. Les réseaux sociaux vont vous renvoyer une image parfaite même si vous savez qu'ils ne montrent pas tout. Il n'en demeure pas moins que l'image que vous likez vous propulse dans un algorithme qui vous propose d'autres façades parfaites de la maternité. Vous tournez alors en rond.

QUAND VIVRE L'INSTANT PRÉSENT PREND TOUTE SA SIGNIFICATION

Le meilleur moyen de garder la tête hors de l'eau au milieu de ce tumulte de nouveautés et de sollicitations est d'être présente à ce que vous faites. Changer une couche, allaiter, jouer… ne sont pas juste des « choses » à faire, mais des moments de partage avec votre enfant. Elles vous permettent de tisser un lien jour après jour avec lui.

Le fait de vous concentrer sur une tâche permet de ne pas vous focaliser sur tout ce qu'il vous reste à faire ou tout ce que vous auriez déjà dû réaliser. Cet état de « pleine conscience » résulte du fait de porter votre attention de manière intentionnelle sur le moment présent, sans vous juger. La qualité de présence augmente le bien-être et le plaisir.

En quoi l'hypersensibilité est-elle un atout pour un post-partum serein ?

✦ Découvrir une nouvelle forme d'amour ✦

L'amour revêt différentes formes. Il est d'ailleurs dommage que notre langue française ne soit pas plus riche pour décrire les différents types d'amour. Entre aimer le chocolat, aimer voyager, aimer son chat, aimer son partenaire et aimer son enfant, il y a quand même beaucoup de nuances ! La naissance de votre enfant vous plonge dans l'expérience intime d'une nouvelle forme d'amour.

Contrairement à l'amour « amoureux » qui se caractérise par la rencontre de deux êtres, l'amour maternel est une division, un dédoublement de votre propre être en un autre dont il faut s'occuper en permanence et que vous aimez plus que tout.

L'amour maternel est un amour particulier pour cet « autre » qui a vocation à partir, que vous devez aider à grandir et à devenir autonome. Cet amour vous pousse à l'aimer plus que tout sans pour autant bâtir votre vie sur lui, mais aussi à le protéger sans le rendre dépendant de cet attachement si précieux. Ce n'est pas un égarement comme peut parfois l'être la passion amoureuse. Il s'agit plutôt d'un changement de regard, d'une posture différente pour vous mettre à la place de votre bébé. Tout en vous se prépare à cette grande découverte. La taille de votre bassin ne permettant pas à votre bébé de maturer *in utero* jusqu'au bout, il lui faut vos bras pour lui permettre de finir son développement et devenir autonome. Contrairement à nombre de mammifères, le petit d'homme ne peut pas survivre sans bras pour le porter, sans sein pour le nourrir. Cette relation, basée sur le non-verbal, est une nouvelle expérience d'une autre intimité. Pendant environ un an, vous décryptez des signaux jusqu'alors inconnus, vous découvrez une nouvelle langue sans en avoir les codes, vous sentez ce qu'il faut faire de manière intuitive. En mettant vos lunettes de bébé, vous établissez un lien émotionnel avec lui.

Cet amour parental est un amour dit « oblatif », qui fait passer les besoins de votre bébé avant les vôtres. C'est un amour nouveau, très différent de l'amour sexuel de l'adulte ou de l'amour porté à ses parents. Cela peut être un amour dévorant, envahissant, qui fait peur, une acceptation totale et inconditionnelle. L'hypersensibilisation que vous vivez vous permet de vous préparer à ce nouvel amour.

Peut-on souffrir de « trop de bonheur » ?

Votre charge existentielle, développée à la fois par ce que vous êtes en train de vivre et par ce que vous partagez (avec votre conjoint, votre famille, vos amis...), peut devenir trop importante même si globalement la joie prédomine. En effet, la naissance de votre enfant a sur votre charge affective un impact par différents biais.

Ces sensations et émotions nouvelles, en nombre important, peuvent alors être très difficiles à traverser et vous faire basculer du bonheur à l'angoisse.

Ce « trop d'amour » peut faire peur. Cette expansion du cœur peut vous déstabiliser par sa puissance.

Témoignage de Margaux

> *Quand Elsa est née, je ne suis pas «tombée en amour» immédiatement. Je l'ai sentie, humée, touchée, caressée, comme un animal fait avec son bébé. Je l'ai même goûtée. J'ai posé délicatement ma langue sur sa main pour connaître son goût. Nous avons fait connaissance comme cela.*
>
> *Et puis j'ai compris qu'avant d'être là dans mes bras, elle avait été à l'intérieur de moi. C'est bizarre à dire, mais ce fut une révélation. Elle venait de ma matrice. Comme si elle était une partie de moi. Mon amour pour elle a grandi très vite et très fort. Au bout de quelques jours, j'ai cru que mon cœur allait exploser. J'ai pris peur : est-ce que cet amour n'allait pas m'ensevelir ? me détruire ? Cet amour m'a submergée. Il m'a fait peur, comme une vague immense qui vient vous noyer. Je pensais que j'allais être engloutie. J'ai cru me perdre à l'intérieur. C'était très angoissant. Je ne m'attendais pas à ça.*
>
> *Heureusement, mon conjoint était là et il a pris sa place. Il s'est aussi occupé d'elle et j'ai compris que je pouvais l'aimer inconditionnellement et ne pas me perdre en même temps. Je n'avais jamais connu cette sensation-là auparavant. C'est un amour différent de tout ce que l'on peut vivre en dehors de la maternité.*

Vous connaître et connaître vos limites

Dans cette période charnière du post-partum, la moindre goutte d'eau peut faire déborder votre vase émotionnel. Une simple remarque, un reproche, une « mauvaise » blague… peuvent vous faire sortir de vos gonds ou vous anéantir.

Pendant toute votre grossesse, vous avez pu prendre un peu de recul sur vos émotions, découvrir quels sont les éléments extérieurs qui les déclenchent et ce qui les apaise. Cela ne vous mettra pas à l'abri des tsunamis émotionnels, mais vous permettra de prendre un peu de recul et de laisser passer la tempête, d'en parler plus calmement et de vous mettre à l'abri de ce qui vous heurte.

La grossesse est déjà venue vous mettre à l'épreuve : dans votre corps, dans votre cœur (avec des émotions en dents de scie), dans votre esprit (qui revenait constamment sur votre vécu), dans votre moi profond (avec peut-être l'accès à de nouvelles perceptions extrasensorielles). Tout cela fut un entraînement pour vivre votre post-partum. À présent, vous connaissez mieux vos limites physiques, vous savez ce qui vous affecte le plus, mais aussi comment vous en protéger et, dans le même temps, laisser passer vos émotions pour en garder uniquement le message.

Prendre soin de soi n'est pas égoïste. Au contraire, c'est indispensable pour prendre soin des autres et en particulier de votre bébé. Tout est une question de dosage. Comment donner de l'amour et de la bienveillance si vous-même en êtes dépourvue ? Un peu à l'image des vases communicants, vous ne pouvez alimenter quotidiennement votre bébé d'amour si votre propre vase n'en contient pas. Si vous ne remplissez pas votre vase, vous allez vous assécher. Vous pouvez être surprise de votre besoin de prendre du temps pour vous alors même que vous vous imaginiez totalement dévouée à votre enfant.

**LA « MATRICE DE SOUTIEN[38] »
OU LE LIEN NÉCESSAIRE AVEC D'AUTRES MAMANS**

Avec cette arrivée en terre inconnue de la maternité, la surcharge mentale peut s'abattre sur vous très rapidement. Vous pouvez avoir la sensation d'être submergée, de ne pas y arriver, de tout faire de travers, de ne pas être à la hauteur. Il peut être utile d'échanger avec d'autres mamans qui traversent la même période. Attention au cadre : il doit être contenu et bienveillant. L'idée n'est pas d'aller confronter vos opinions sur tel ou tel type de parentalité, mais bien de vous « décharger », de déposer vos inquiétudes et vos doutes pour finalement vous apercevoir que vous traversez toutes ces mêmes questionnements.

Vous avez besoin d'être écoutée, accueillie, réconfortée, soutenue. Vous avez besoin que l'on vous rappelle que vous êtes une mère formidable pour cet enfant.

D'autres femmes qui ont vécu l'expérience de la maternité et ont le recul nécessaire peuvent vous amener cela. Votre conjoint n'a pas cette expérience et son soutien, précieux et nécessaire, ne peut remplacer celui d'une communauté de femmes.

---

38. *Selon les termes de J.-M. Delassus, médecin, philosophe et écrivain, initiateur de la maternologie.*

Témoignage de Pauline

Ma grossesse s'est bien passée. Je n'étais pas fatiguée, sauf un peu à la fin. Je n'avais pas vraiment pris conscience de tout le travail que mon corps avait fourni. J'avais l'impression d'avoir de l'énergie dans les semaines qui ont suivi l'accouchement puis j'ai senti une fatigue latente m'envahir tous les jours un peu plus. Avec les nuits entrecoupées, je n'arrivais pas à remonter la pente. Je me suis aperçue que j'aurais peut-être dû être plus attentive à ma fatigue pendant la grossesse. En fait, je ne m'écoutais pas vraiment, tout s'est accumulé et aujourd'hui, je suis irascible, fatiguée et plus fatigable. J'essaie de trouver du temps pour me ressourcer, mais ce n'est pas simple pour moi. Je sais comment je fonctionne et j'ai tendance à trop tirer sur l'élastique. Et il y a mon fils maintenant. L'enjeu est différent, je ne suis plus seule.

En quoi l'hypersensibilité est-elle un atout pour votre parentalité ?

Les besoins de votre bébé sont intenses. Les futurs parents imaginent à peu près ce que leur vie va être, mais vous pouvez multiplier l'intensité par 100 ! Cette virulence va vous pousser dans vos retranchements et vous allez percevoir vos zones d'ombre : vos colères, votre violence, votre tristesse, votre résignation… C'est en découvrant que vous ne serez jamais cette mère parfaite que vous souhaitez pour votre bébé que vous accepterez d'être cette « mère suffisamment bonne » dont parlait Winnicott[39]. Une mère imparfaitement parfaite ou parfaitement imparfaite...

✦ La puissance de l'hyperempathie ✦

L'empathie est en quelque sorte la partie « affective » de notre conscience. C'est, selon Savario Tomasella[40], « la capacité au cas par cas de se mettre au diapason de l'expérience vécue par l'autre ».

Pour prendre soin, et en particulier de votre enfant, vous n'êtes jamais trop sensible. C'est un leurre de croire que vous devez être forte en toutes circonstances pour lui. Il a besoin d'un cadre sécuritaire, mais il a aussi besoin de se construire sur vos limites et sur vos failles. Cela l'aidera dans sa construction. Les allers-retours incessants entre le monde extérieur et vos pensées vécus pendant votre grossesse vous permettent aujourd'hui de réagir de manière moins impulsive et d'apporter des réponses appropriées aux situations avec votre bébé. Votre patience va en particulier être démultipliée. Vous qui étiez indisposée par les pleurs du bébé de votre meilleure amie, vous ne comptez pas le temps passé à bercer et soutenir votre propre enfant.

Cette empathie permet de se mettre sur la même fréquence que votre bébé, de pouvoir supporter et comprendre ses pleurs. C'est une connexion qui va bien au-delà des cinq sens.

L'hyperempathie développée dans ce contexte de maternage est en partie liée à une hyperréactivité des neurones miroirs. Il existe un groupe de cellules spécialisées dans la compassion qui permettent de refléter et partager l'émotion. Grâce à ces neurones miroirs, les émotions de votre bébé, mais aussi d'autres personnes ont une profonde résonance en vous.

39. La Mère suffisamment bonne *de Donald Winnicott est un livre qui regroupe, dans sa traduction française, trois articles : « La préoccupation maternelle primaire » (1956), « La mère ordinaire normalement dévouée » (1966) et « La capacité d'être seul » (1958).*
40. Lettre ouverte aux âmes sensibles qui veulent le rester. *Ed Larousse, 2021.*

Témoignage de Laurine

Quand mon bébé pleure, j'ai une boule qui me pique le fond du ventre, cela me fait mal. C'est insupportable de l'entendre pleurer. J'étais sensible aux pleurs des bébés de mes amies, ils me mettaient mal à l'aise. Mais là, c'est différent, viscéral. C'est plus fort que moi, tout mon être tremble et vole au secours de mon bébé. Même si je sais que ce n'est pas grave et qu'il est en sécurité, quand j'entends son cri, chacune de mes cellules se met aux aguets. C'est peut-être trop… mais en même temps, si personne ne réagit aux pleurs d'un bébé, que devient-il ?

LE MATERNAGE PROXIMAL

Le maternage proximal repose sur un triptyque allaitement, cododo[41] et portage. Il se base sur l'écoute des besoins physiologiques et émotionnels du bébé en vue de lui offrir une relation sécurisante.

A contrario, le maternage distal, depuis longtemps pratiqué en Europe, consiste à placer le bébé à distance de sa mère et à valoriser son autonomie de manière précoce. L'histoire de l'obstétrique et de la puériculture montre combien il a été courant de séparer très tôt la maman et son bébé « pour leur bien » (d'où la symbolique du cordon ombilical). Des études récentes en neurobiologie indiquent que le maternage proximal a des effets bénéfiques sur le bébé par une régulation des fonctions corporelles et la mise en place d'une figure d'attachement sécure. Pour la maman, le maternage proximal a l'avantage de répondre à son hypersensibilité et son hypervigilance physiologique en rendant les réponses aux besoins plus faciles et rapides.

41. *Le cododo est le fait de partager son sommeil avec son bébé, sans barrière physique avec celui-ci.*

Le pouvoir de la créativité et de l'émerveillement

Les personnes sensibles portent souvent un regard différent sur le monde : un regard empreint d'émerveillement, enthousiaste et spontané. Cela peut parfois être déroutant pour l'entourage. Être parents, n'est-ce pas être sérieux, garder le contrôle, anticiper tous les problèmes à venir ?

Et si, en plus de cela, être parent supposait de retrouver son regard d'enfant, sa joie de vivre, des yeux qui pétillent ? Garder vos lunettes de « bébé » vous permettra de voir le monde comme il le voit et de lui apprendre la force de l'émerveillement par vos attitudes et vos actes.

Vos sens toujours exacerbés et vos émotions vous permettent un accès plus direct à cette capacité à profiter des expériences de la vie.

Témoignage de Noémie

> *Quand je suis avec mon enfant, j'essaie de mettre mes « lunettes de bébé », comme dit ma doula. Je vois ses grands yeux observer et découvrir le monde. Alors j'essaie de regarder comme lui et de redécouvrir le monde comme si, moi aussi, je venais de naître. C'est merveilleux de retrouver ce regard d'enfant, ce regard vierge de tout. À force de le faire avec lui, j'ai gardé aujourd'hui, quelques années après sa naissance, cette capacité de m'émerveiller de tout : un papillon qui virevolte, la pluie fine qui tombe sur mes cheveux, le chant des oiseaux, la saveur d'une fraise au printemps, la douce odeur du miel… Mon enfant m'a reconnectée à mon enfant intérieur, à la partie de moi qui s'émerveille du monde.*

La force de l'intuition

Un volet de cette sensibilité concerne l'intuition, ces messages envoyés par votre être profond via vos perceptions. Les personnes hypersensibles, en recevant et prenant conscience de plus de stimuli, ont souvent une intuition plus développée. Elle devient alors un outil et un guide pour faire des choix, des choix plus en accord avec vous-même. Un discernement plus affûté se dessine, en particulier dans votre rôle de mère.

Cela ne veut pas dire qu'il est facile de s'occuper d'un enfant et que vous saurez toujours quoi faire. Vous aurez des moments de doute, d'impuissance, des moments pendant lesquels vous vous direz que si vous étiez une meilleure mère vous sauriez quoi faire. Mais l'intuition ne permet pas cela. En particulier parce qu'il ne faut pas confondre intuition et conditionnement. Quand vous êtes sûre de réagir de la bonne manière, il est possible que ce soit votre petite voix intérieure qui vous parle, mais il est aussi possible que ce soit une habitude acquise petite, tellement profondément qu'elle vous paraît naturelle. C'est alors l'occasion de démêler l'intuition du conditionnement, en avançant pas à pas, en faisant des erreurs, en les reconnaissant, en décortiquant les mécanismes qui vous ont amenée sur ce chemin. Essai après essai, cela deviendra plus facile.

Sur ce nouveau chemin de la parentalité, vous pouvez lire beaucoup de livres, écouter de nombreux spécialistes vous expliquer comment nourrir, faire dormir et élever votre enfant, mais vos perceptions ont plus de poids que les règles extérieures. À chaque fois qu'il existe une tension pour vous, votre bébé ou votre relation, demandez-vous ce qui est juste pour vous et pour lui. Que dit votre petite voix ? Que vous conseille-t-elle ? La parentalité vient toucher notre rigidité. Parfois, souvent, vous allez devoir remettre en question votre éducation et trouver ce qui fait sens pour vous, ici et maintenant.

Vous avez pu découvrir, jouer et mieux appréhender votre intuition depuis ces derniers mois, alors laissez-vous encore porter par elle. Faites-vous confiance : vous êtes la meilleure mère pour votre bébé.

Instinct et intuition

Quelles sont les différences entre instinct et intuition ? L'instinct est une « tendance innée et puissante, commune à tous les individus d'une même espèce » (dictionnaire *Le Robert*). On parle ainsi d'instinct de survie ou d'instinct de reproduction. L'individu agit alors avant de réfléchir, car il en va de la vie ou survie de l'espèce ou de l'individu.

L'intuition, elle, est propre à chacun. Elle vient à l'esprit comme une évidence, sans justification. Vous pouvez lui faire confiance, l'ignorer ou même chercher à la rationaliser en faisant appel à votre réflexion. Comme un « instinct subtil », elle vous fait prendre conscience d'éléments, vous pousse à agir, à prendre des décisions et à penser sans la rationalité que notre société vous pousse à avoir aujourd'hui.

Ces deux facultés ont un élément commun, celui de faire appel à des ressources que nous ne sommes pas capables d'expliquer aujourd'hui.

La frontière entre instinct et intuition est parfois très fine et on vous a sûrement déjà dit que devenir mère est inné, que vous avez l'instinct maternel… ou pas ! Pourtant, la notion d'instinct maternel semble avoir été développée il y a peu de temps. Pendant la période d'industrialisation de notre société, les hommes ont été contraints de travailler dans des usines, mettant une distance physique et temporelle entre eux et leur famille. Il fallait alors s'occuper des enfants et la notion d'instinct maternel a alors été promue pour cantonner les femmes dans leur rôle de mère.

Plus que d'instinct, on pourrait parler de moyens de compréhension spontanée, en partie liés au système hormonal. Mais cette compréhension innée n'est pas grand-chose sans une transmission. Notre société a tendance à cloisonner les personnes par tranche d'âge : les bébés en crèche, les enfants à l'école, les adolescents au collège et au lycée, les jeunes parents, les parents d'adolescents… Notre mode de vie, moins communautaire qu'auparavant, ne nous permet plus d'intégrer les gestes et comportements par mimétisme. Avez-vous déjà observé beaucoup de bébés allaités avant d'allaiter le vôtre ? Alors, si la transmission est indispensable, peut-on encore parler d'instinct ?

Témoignage de Célia

> *Avec l'arrivée de Manon, j'ai développé comme un 6e sens. La nuit, il m'arrivait de me réveiller juste avant qu'elle ne pleure. Je trouvais cela incroyable. C'était comme si un fil invisible nous reliait toutes les deux. Mon intuition était très développée. La plupart du temps, je ressentais ce qu'elle voulait me dire par ses cris. Je ne comprenais pas, mais je ressentais. En revanche, quand je ne comprenais pas, je me considérais comme une mauvaise mère. Je me disais que si j'avais eu un instinct maternel, tout aurait été plus facile. J'oscille toujours aujourd'hui entre ces deux extrêmes.*

L'engagement

L'hypersensibilité implique souvent un sens profond des valeurs humaines, un engagement pour défendre des causes, un besoin de donner du sens à sa vie et à ses actions. Vous qui avez porté le monde, vous avez aussi peut-être aujourd'hui envie de le changer.

L'arrivée de votre enfant propose des prises de conscience de tout type : écologique, relationnelle, professionnelle, spirituelle… Questionner les évidences pousse parfois à de grands changements pour mettre en accord vos valeurs et votre mode de vie. Ce peut être alors pour certaines le moment de remettre les compteurs à zéro. Portées par l'énergie créatrice, elles vont changer certains aspects de leur vie. C'est souvent l'occasion d'imaginer un monde avec le cœur plutôt qu'avec la seule raison.

Votre enfant vous donne l'audace et la force de passer à l'action, de vous engager dans des actions auxquelles vous n'aviez peut-être jamais pensé ou pour lesquelles vous n'aviez trouvé ni le courage ni le temps. Devenir mère donne cet élan.

Témoignage de Léa

Quand j'ai vu ma poubelle se remplir de couches, je me suis renseignée. J'ai découvert tout l'impact que cela pouvait avoir : déforestation, utilisation de pétrole, émission de dioxine, blanchiment au chlore, décomposition possible en presque 500 ans pour une durée de vie de 3 ou 4 heures ! Nous sommes passés directement aux couches lavables. Ensuite, j'ai fait les mêmes recherches pour le lait maternisé et je suis tombée de haut : un kilo de lait en poudre nécessite 4 700 litres d'eau ! Malheureusement, je n'ai pas trouvé de solution alternative, car à l'époque, je ne savais pas que je pouvais reprendre un allaitement. Puis j'ai procédé aux mêmes recherches pour les vêtements.

J'ai pris l'habitude aujourd'hui de me poser la question de l'impact de nos choix sur la planète. Parfois, mes changements sont minimes ; parfois, ils sont très importants. Parfois aussi, je ne change rien, mais je fais les choses en conscience. Et ça, ça change tout !

Mais comment trouver du temps pour s'engager avec un bébé ? Comment mener des projets quand vous ne trouvez même pas le temps de prendre une douche ? Vous pensez peut-être que votre enfant vous prend du temps, tout votre temps. Et si c'était tout le contraire ? Il vous en donne. Il intensifie le temps. À présent, vous allez droit au but et n'avez pas le temps pour les détours. Souvenez-vous de votre vie avant l'arrivée de bébé : vos journées étaient déjà bien remplies. Et pourtant, aujourd'hui, vous arrivez à faire beaucoup plus de choses en 24 heures. En plus d'aller droit au but, vous priorisez, vous mettez certaines choses en avant, vous en laissez d'autres de côté.

Le meilleur exemple est celui de vos relations dont le tri se fait de manière naturelle. Votre hypersensibilisation vous centre sur votre bébé et en accord avec ce qu'est ce petit être, le désir d'authenticité croît. Tout doucement ou de manière plus brutale, il n'est pas rare de faire du tri dans ses relations, qu'elles soient amicales, professionnelles, familiales ou même conjugales.

Je n'ai pas dit que vivre cette hypersensibilité est confortable ! Mais elle permet d'être vraie, pour reprendre les propos de Thomas d'Ansembourg[42].

---

42. D'ANSEMBOURG *Thomas,* Cessez d'être gentil, soyez vrai !, *Éditions de l'homme, 2014.*

Maman hypersensible, bébé hypersensible ?

Nous l'avons vu précédemment (voir p. 75), l'hypersensibilité peut avoir différentes sources, et en particulier celle de la génétique.

Ce développement s'adresse plutôt à celles qui, au regard de ce qu'elles ont découvert pendant la grossesse, pensent être hypersensibles au-delà de la période de la maternité.

La question est alors de savoir si votre enfant aussi sera hypersensible. Il semble en effet qu'un ou des parents hypersensibles sont plus susceptibles d'enfanter ce que l'on nomme aujourd'hui un bébé aux besoins intenses (BABI).

Autrefois qualifiés de colériques et difficiles, l'identification des caractéristiques de l'hypersensibilité a permis de ne plus enfermer ces enfants dans des cases stigmatisantes. Ce sont juste des bébés qui dorment moins que la moyenne, sollicitent beaucoup leurs parents et réclament bras et mouvements.

Mais tous les bébés ne seraient-ils pas ainsi ? En effet, les nourrissons naissent avec cette grande ouverture que vous expérimentez vous-même au travers de votre maternité. Ils réagissent plus aux stimuli, comme s'ils n'avaient pas encore de filtres pour sélectionner et prioriser les informations. Il semble toutefois que certains bébés soient encore plus sensibles. Il faut bien sûr dans un premier temps éliminer toute source de problème qui pourrait expliquer cette irritabilité : frein de langue ou de lèvres, problèmes musculosquelettiques, ou intestinaux, allergies… Lorsque tout a été vérifié et que le bébé n'est pas « irrité » par un de ces troubles, alors vous avez sûrement affaire à un BABI.

Auquel cas, votre propre hypersensibilité sera d'une grande aide pour mieux comprendre et accompagner votre enfant. Étant vous-même irritée par les conversations trop fortes de vos invités, vous comprendrez mieux pourquoi votre bébé a besoin de décharger autant de tensions le soir. Ou alors s'il vous était difficile de supporter ces mains d'amis qui voulaient toucher votre ventre, vous comprendrez mieux que passer de bras en bras pour votre tout-petit est une épreuve.

Mais l'alliance de ses fortes demandes et de votre surstimulation peut aussi faire des étincelles. Il est alors précieux de pouvoir passer le relais à quelqu'un (partenaire, grands-parents, amis…) quand vous en éprouvez le besoin afin d'avoir un temps de récupération.

Comment se préparer ?

Pour que ce passage soit le plus serein possible, mieux vaut l'anticiper tout en gardant la souplesse et l'adaptation que vous avez déjà expérimentées pendant votre grossesse et pendant votre accouchement.

Les préparations à la naissance et à la parentalité avec votre sage-femme sont l'occasion de vous projeter dans votre nouvelle vie. N'hésitez pas à poser toutes vos questions lors de ces échanges.

Vous pouvez aussi organiser votre quotidien pour les premières semaines : repas prêts au congélateur, amis qui vous apporteront légumes et fruits frais, grands-parents qui iront chercher l'aîné à l'école, frère qui étendra le linge propre... Tout ce qui peut être réalisé par les autres sera d'une grande utilité pour soulager votre charge mentale. N'oubliez pas que tous vos sens et votre énergie physique et psychique sont tournés vers votre enfant : cela laisse peu de place pour le reste. Votre liste de naissance peut vous aider dans cette organisation : ajoutez-y des cadeaux immatériels et de l'aide.

Ayez aussi à portée de main les numéros de téléphone indispensables aux premières semaines : association d'allaitement, médecin, doula, amis disponibles, jeunes mamans...

Il est possible que vous vous jetiez à corps perdu dans la maternité et que vous vous égariez un temps sur votre chemin pour devenir mère. Pourtant, prendre soin de vous, de votre corps et de votre esprit, et ce dès le désir d'enfant, n'est ni superflu ni égoïste. C'est un acte d'amour pour vous permettre de vous occuper de lui. On prend soin de soi pour prendre soin des autres.

RECOMMANDATIONS POUR PRENDRE SOIN DE VOUS

D'abord, reposez-vous à temps : ne vous dites pas que vous vous reposerez plus tard. Plus tard sera trop tard. La fatigue accumulée ne se rattrape pas facilement. Dès que vous sentez la fatigue arriver, reposez-vous ! Peut-être vous dites-vous en lisant ces lignes que vous n'avez pas le temps de vous reposer. Essayez alors de vous ménager des « refuges » en côtoyant d'autres jeunes mamans avec qui partager : lieu d'accueil enfants-parents (LAEP), groupes de mamans, ludothèque... Cela vous demandera sûrement du courage de sortir avec votre bébé, mais l'énergie dépensée sera largement compensée par le soutien que vous y trouverez.

Évitez enfin autant que possible toute surstimulation.

CONCLUSION

Il n'y a rien de plus commun qu'une naissance : 4,66 naissances dans le monde chaque seconde, 280 par minute, un peu plus de 147 millions par an. Depuis l'origine de l'homme sur Terre, ce serait 80 milliards d'êtres humains qui seraient nés !

Avec la mort, la naissance est l'événement le plus universel.

Et pourtant, votre grossesse est unique.

La maternité est propre à chacune d'entre vous et spécifique pour chaque enfant. Elle est un chemin d'expérimentations corporelles, émotionnelles et spirituelles. L'hypersensibilité vous est biologiquement offerte pour traverser vos terres encore inexplorées, pour trouver un nouvel équilibre, pour accéder à un remaniement profond de votre vie intérieure.

L'exacerbation de vos sens et de vos émotions n'est pas là pour vous ternir le voyage. Au contraire, elle est présente pour vous ouvrir des possibles. En déployant de nouvelles perceptions, votre intuition et votre empathie, en vous mettant en quête de sens ou encore en accédant à une autre forme de spiritualité, de nouvelles terres s'offrent à vous pour vous faire naître mère.

Tout l'enseignement que vous pouvez tirer de ce temps d'introspection, qui est loin d'être un repli sur vous-même, tend vers l'accueil de votre enfant et du monde par le biais d'une nouvelle compréhension. Ce détour par vous-même vous permet de devenir une nouvelle femme. Il est transformateur et vous propose un ajustement à une nouvelle réalité qui va changer votre vie : l'arrivée de votre bébé.

Je crois profondément que si vous acceptez ce chemin parfois chaotique, parfois tortueux, la maternité vous invite à découvrir d'autres formes de sensibilité, plus fines, plus subtiles. J'espère que ce livre pourra vous y aider. En déconnectant souvent votre cerveau de la compréhension classique, en vous poussant hors de vos zones de confort, l'intensité de la maternité vous offre une nouvelle conscience du monde. Elle vous plonge au cœur du vécu intime, des ressentis et des émotions.

Puisse la maternité changer durablement votre vision du monde et vous révéler votre plus belle part d'humanité.

Bibliographie

Sur l'hypersensibilité

ARON Elaine, *Ces gens qui ont peur d'avoir peur*, Les Éditions de l'Homme, 2013.
ARON Elaine, *Hypersensibles. Mieux se comprendre pour mieux s'accepter*, Marabout, 1996 (2019).
TOMASELLA Saverio, *Lettre ouverte aux âmes sensibles qui veulent le rester. L'hypersensibilité est l'avenir du monde !*, Larousse, 2021.
TOMASELLA Saverio et WILS Charlotte, *La Charge affective. Comment éviter le burn-out émotionnel*, Larousse, 2020.
WILS Charlotte, *Itinéraire d'une ultrasensible*, Leduc, 2019.

Sur la maternité

BARBEQUOT Anne-Christine, *Heureuse d'accoucher ! Tout pour traverser l'intensité des contractions*, 2020.
BARBEQUOT Anne-Christine et LOTH Virginie, *Accompagner sa partenaire après l'accouchement*, Mango, 2022.
BING Elisabeth et COLMAN Libby, *La Femme enceinte et la sexualité*, Les Éditions de l'Homme, 1973.
BYDLOWSKI Monique, *Devenir mère*, Odile Jacob, 2020.
CHALLUT Isabelle, *Rituels de femmes pour réenchanter la maternité*, Courrier du livre, 2017.
LANCELIN-HUIN Nathalie, *Enceinte. Voyage au cœur des émotions*, Horay, 2018.
LANCELIN-HUIN Nathalie et KRIEF Sonia, *Le Monde insoupçonné de bébé*, Albin Michel, 2022.
ODENT Michel, *Le bébé est un mammifère*, Éditions L'Instant Présent, 2014.
ODENT Michel, *L'Amour scientifié. Les fondements biologiques de l'amour*, Le Hêtre Myriadis, 2017.
PETROFF Évelyne Dr, *Carnet d'une obstétricienne*, Albin Michel, 2022.
REYNES Hugues, *Nouveaux parents, nouveaux enfants*, Favre, 2010.
REYNES Hugues, *Le Nouvel Accouchement*, Edit'as, 2003.
STERN Daniel N., BRUSCHWEILER-STERN Nadia, FREELAND Alison, *La Naissance d'une mère*, Odile Jacob, 1998.
TIXIER Martine, *Accouchement, naissance. Un chemin initiatique*, Le Souffle d'or, 2012.
VAILLANT Maryse, *Être mère : mission impossible ?*, Albin Michel, 2011.

Par curiosité...

CRAIG Gary, *Le Manuel d'EFT*, Éditions J'ai Lu, 2016.
CYRULNIK Boris, *Un merveilleux malheur*, Odile Jacob, 2002.
D'ANSEMBOURG Thomas, *Cessez d'être gentil, soyez vrai !*, Éditions de l'Homme, 2014.
LENOIR FRÉDÉRIC, *Vivre ! dans un monde imprévisible*, Fayard, 2020.
THICH NHAT HANH, *Prendre soin de l'enfant intérieur*, Pocket, 2022.

✦ Remerciements ✦

Merci à mes enfants qui, chacun à leur manière, ont su me faire plonger dans les profondeurs de l'hypersensibilité.

Merci à mon mari pour son soutien sans faille dans ces traversées. Sans lui, rien de tout cela n'aurait été possible.

Merci à toutes les femmes qui m'ont fait confiance et m'ont livré avec pudeur ou audace l'intimité de leur maternité. Tous les prénoms ont été changés dans les témoignages, mais chacune d'elles se reconnaîtra un peu, beaucoup ou passionnément.

Merci à toutes les personnes qui m'ont inspirée pour l'écriture de cet ouvrage. Figures de la maternité ou expertes de leur domaine, elles seraient trop nombreuses à citer et se reconnaîtront.

Merci à mes amies Virginie et Marie-Flore pour leur disponibilité, leur relecture et suggestions amenées avec tellement de bienveillance.

Direction : Guillaume Pô
Direction éditoriale : Tatiana Delesalle
Édition : Barbara Janssens, assistée de Lylia Bekki
Direction artistique : Chloé Eve et Clarisse Delande
Mise en pages : Emilie Laudrin
Illustrations : Paulina Choleva
Direction de fabrication : Thierry Dubus
Suivi de fabrication : Julia Mirenda

1re édition - N° d'édition : M23046
ISBN : 9782317031793
Code MDS : MN31793

Achevé d'imprimer en mars 2023 par Graphycems en Espagne

Dépôt légal : avril 2023
www.mangoeditions.com